烏克蘭戰場

一個戰地攝影的親身經歷

盤查

切爾尼戈夫郊外
在回基輔的路上，為警戒崩落橋樑、駐守檢查哨的同僚遮上披薩的警車

告別祖國

利沃夫市中央車站
俄軍開始入侵之際，從烏克蘭東部搭乘列車往國外避難的母子，將透過車窗所見、戰禍中的祖國，深深烙印在眼底

上）利沃夫市中央車站
父親留在祖國奮戰

右）利沃夫市中央車站
靠近波蘭國境的車站。利沃夫擠滿了往國外避難的民眾

光是祈禱，和平是不會到來的

利沃夫市　聖彼得聖保羅教會
為陣亡的士兵和民眾獻上祈禱。儘管如此，他們會說要原諒俄軍嗎？

避難所

利沃夫市中央車站
在成為攜家帶眷避難所的車站裡，有許
多國內外的志工趕到，提供溫熱的食物

下）馬卡里夫市國土防衛隊總部地下
後面的肖像畫是烏克蘭人口中的民族
英雄斯捷潘 · 班德拉

上）利沃夫市民間志願者中心
退役軍人正在為民眾進行實戰訓練。
每個人的眼神都很認真

進入首都

基輔市
在城市中，處處都有利用巴士和市街電車設置的路障。這些是被稱為「捷克刺蝟」的反戰車拒馬。

基輔市　波吉爾地區
不是彈痕，而是被爆炸碎片炸成蜂窩的汽車。
俄軍疑似使用了國際條約禁止的集束炸彈

轟炸的傷痕

基輔市北部　斯維亞托申地區
雷托羅購物中心，俄軍在此投下破壞力極強的新型炸彈。事後俄軍辯稱，「在這裡隱藏有武器」

大型購物中心一瞬間化為瓦礫

無差別攻擊

基輔市　波吉爾地區
在爆炸的衝擊下，集合住宅的側面崩坍，室內赤裸裸暴露出來。或許是愛書人吧，二樓老人處置書籍的身影相當悲傷

往最前線

伊爾平市　伊爾平橋
成為從基輔市北部發動侵略的俄軍與烏軍交戰最前線的伊爾平。在橋上排滿了作為路障的車輛

基輔市郊外四十號高速公路上被烏軍破壞的俄軍對空自走砲。「V」字和「Z」字，都是俄軍的識別標記

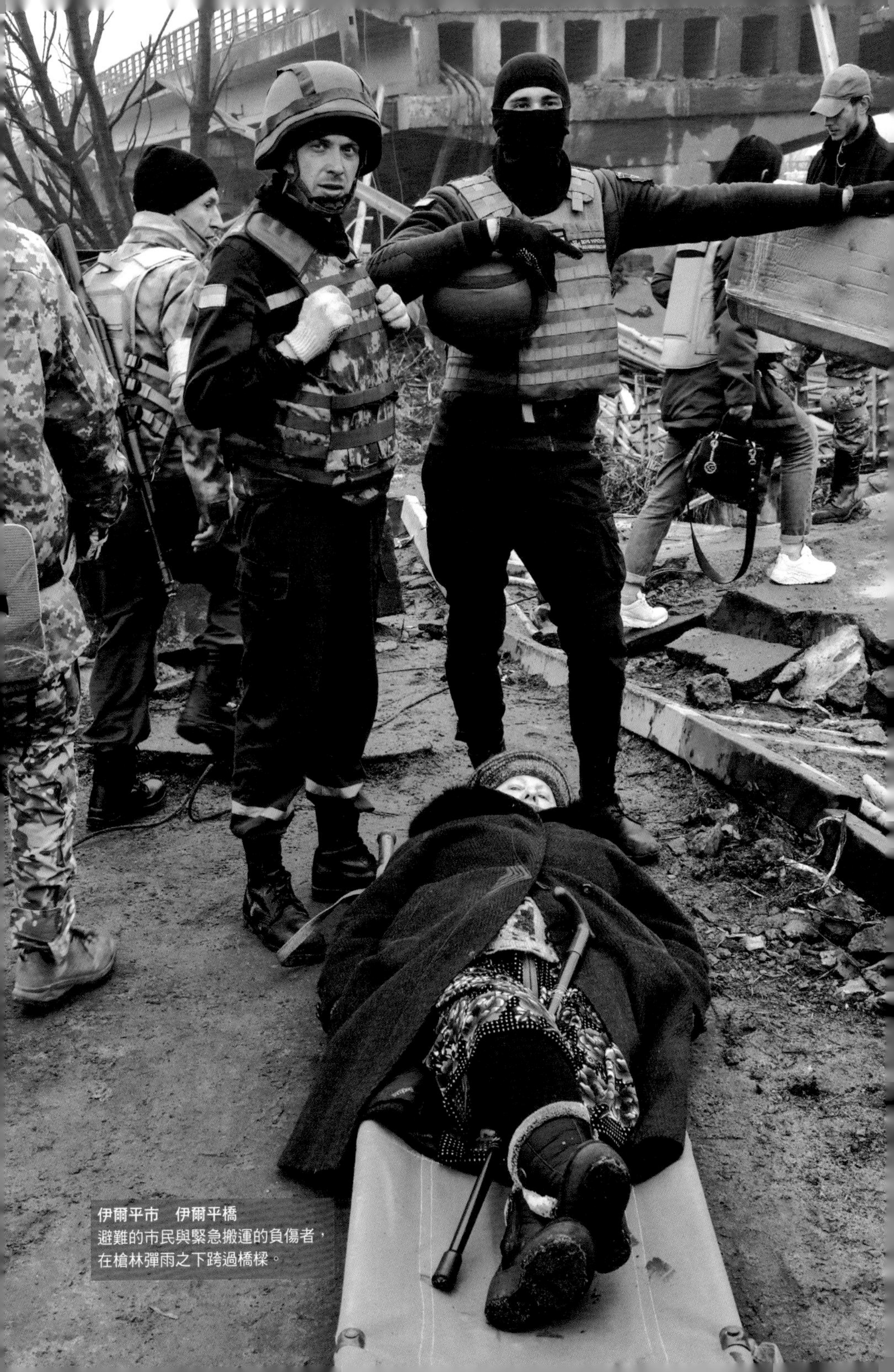

伊爾平市　伊爾平橋
避難的市民與緊急搬運的負傷者，
在槍林彈雨之下跨過橋樑。

戰爭犯罪

布查市　聖安德烈教會
在這裡發掘出二十一世紀最惡劣
戰爭犯罪的證據

布查市
對包括民眾在內四十二人的遺體進行驗屍

基輔市郊外　多米托利夫卡村
被拋棄在村中的大量俄軍戰車與
裝甲車，當中也有俄軍的屍體

卡爾可夫市　地下鐵－赫羅伊夫 · 普拉茨站
在俄軍的激烈攻擊下，基礎設施完全遭到破壞。為求安全的居民轉入地下避難，地鐵車站內部化為地下都市

卡爾可夫市　地下鐵－赫羅伊夫 · 普拉茨站
和地上不同，地下相當安全，但跟自己的家園相比，還是遠遠不便。溫熱的食物由志工提供，飲水、床鋪等則是市政府提供

地下社區

卡爾可夫市　地下鐵－帕夫羅夫學院站
幾乎所有的居民都已經轉移到地上居住，但還有好幾家人因為安全理由留在這裡

基輔市　地下鐵－赫羅伊夫 ・ 特尼布羅站
志工們為在地下度日的孩子們進行遊戲

卡爾可夫外語學校
被捲入和俄軍戰鬥之中的校舍。在雙方的攻擊下，校舍從屋頂一路崩坍下來，已經分不清到底是學校還是監獄

學校化為戰場

無人機小隊的活躍

卡爾可夫北部某處
位在俄羅斯國境附近村落中的無人機小隊兵舍。部隊的活動區域是國境的森林地帶。以塹壕為據點，在無人機傳來的影像下，引導戰車部隊等進行射擊。無人機的影像也會透過衛星線路，和司令部進行資料鏈結

戰爭與日常的街景

卡爾可夫市　自由廣場
以歐洲面積最大而自豪的廣場上，插進了一根俄軍的飛彈。由於已經把戰爭看成日常生活的一部分，因此回頭看它的人並不多

從絕望到希望

基輔市　米哈伊利夫斯卡廣場
被烏軍破壞的俄軍戰車和武器，簡直就像戰利品般地暴露在外。少女的手所碰觸的，正是俄軍的巡弋飛彈

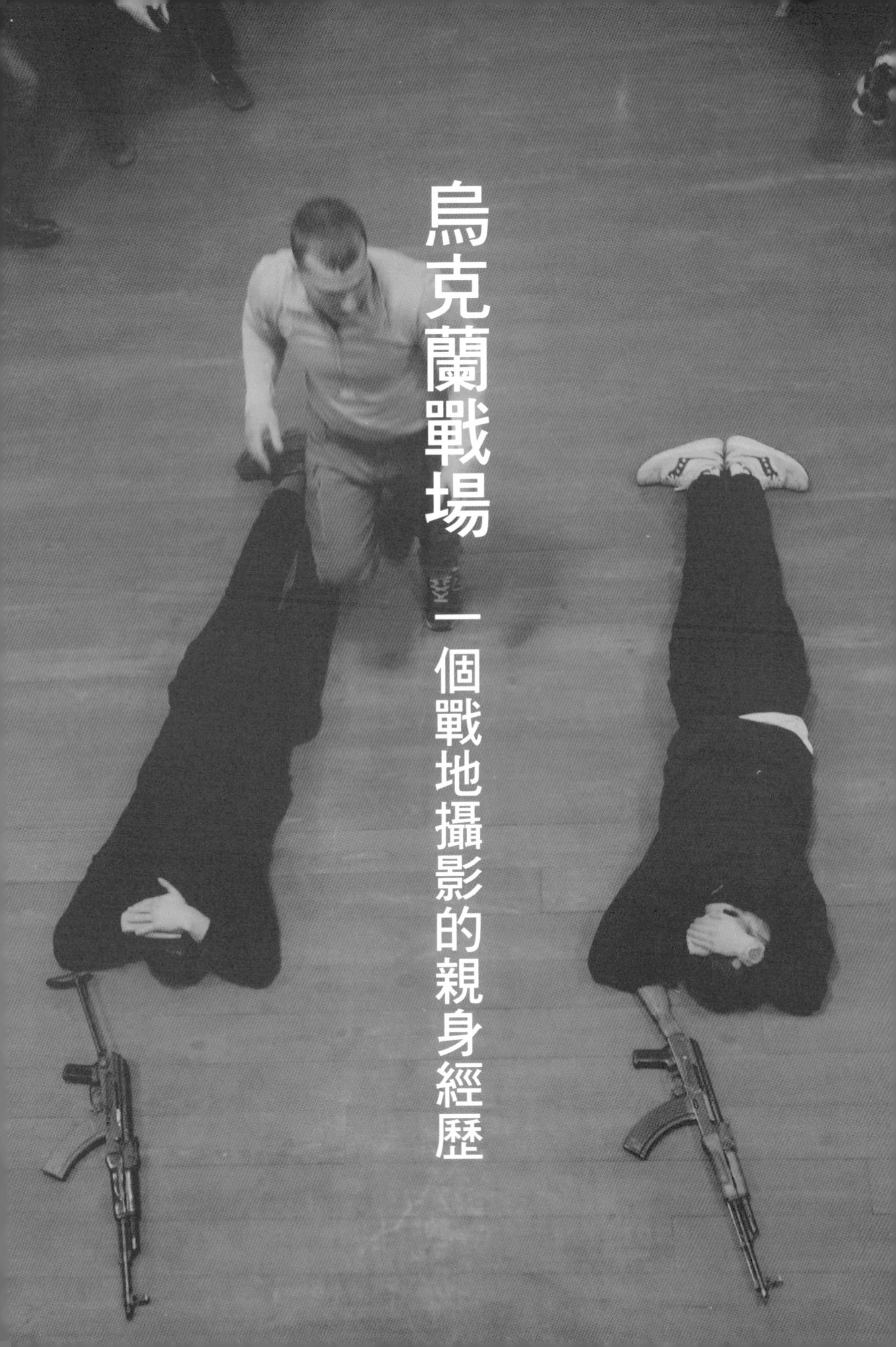

烏克蘭戰場

一個戰地攝影的親身經歷

目錄

俄羅斯
切爾尼戈夫
Чернігів
車諾比
Чорнобиль
基輔
Київ
卡爾可夫
Харків
烏克蘭
УКРАЇНА
北頓涅斯克
Сєвєродонецьк
札波羅熱
Запоріжжя
馬立波
Маріуполь
敖德薩
Одеса
克里米亞
黑海

白俄羅斯
波蘭
霍斯托梅爾 Гостомель
博羅江卡 Бородянка
布查 Буча
伊爾平 Ірпінь
克拉科夫
梅迪卡
利沃夫 Львів
斯洛伐克
匈牙利
摩爾多瓦
羅馬尼亞
2022 年 6 月 14 日時的勢力圖
俄羅斯進軍
2014 年入侵後實質佔領
俄羅斯佔領
烏克蘭宣布奪回
宮嶋茂樹採訪的路線

※本書中刊載有包含遺體在內、令人震驚的戰爭照片，閱覽時請務必注意。

前言

這次……或許再也回不來了吧。

如果僥倖得以歸來，那這應該會成為我最後的戰場，以及值得沉浸的回憶吧！

與其說是舊友，不如說是孽緣的共同通信社攝影師原田浩司，開口問我說：「你要不要去？」當然我們的目的地，是蔚為話題的烏克蘭。

在北京冬奧[1]開幕前夕，俄羅斯總統普丁的意圖，已經透過美國總統拜登明顯呈

1 編註：第二十四屆冬季奧林匹克運動會，又稱二〇二二年冬季奧運，於二〇二二年二月四日至二月二十日在北京舉行。

現出來。

然而在冬奧閉幕式後，我們也不經意地對這件事掉以輕心：「什麼嘛……直到殘障奧運（帕運）結束，也啥事都沒發生嘛！」首先是在北京冬運的開幕儀式上，為了抗議中國共產黨政府對維吾爾族等少數民族的迫害，以我國（日本）為首的各民主國家紛紛以外交抵制為名，不派遣部長級官員前去，但俄羅斯卻由普丁總統親自出席——明明俄羅斯是因為舉國濫用禁藥，所以不能以國家名義參加冬奧的啊！不只如此，普丁總統還和習近平主席進行了高峰會談；恐怕那時候他們倆人，就已經針對俄軍入侵烏克蘭達成了某種協議吧！

簡直就像希特勒在一九三六年柏林奧運召開前後，停止了自己視為重要原則的猶太人迫害，好訴求德國人愛好和平一樣。

畢竟在帕運開辦期間開戰，算什麼「和平的慶典」？

事實上，面對這次俄羅斯的野蠻行徑，以日本為首的西方各國紛紛採取經濟制裁，但中國共產黨政府卻對此擺出一副非難的態度，不是嗎？

話雖如此，與其說看輕美國情報機構的能力，或是看透拜登總統的軟弱，不如說是我自己的懶散與判斷太天真，讓我遲疑著沒有前往烏克蘭——這都是事實。

但是我不去，又有誰會去呢？

於是，我宮嶋拖著老朽殘軀，邁向了我最後的戰場。

第一章

出發

這是在下宮嶋睽違許久的海外出差。確實，因為新冠肺炎的緣故，我這兩年間，一次都沒有踏足海外，只有這次，我絕不能再推辭。大戰的導火線已經點燃。塞拉耶佛、波蘭，再來是烏克蘭，歐洲屢屢成為世界大戰的起火點；這不正是即使鞭策這身年過六十的老骨頭，也該奔赴現場的時刻嗎！

就這樣，我決定在二月二十五日出國。

但是，在這之前非做不可的事，實在太多了。

新的 Omicron 變種病毒仍沒有收斂的跡象。在這樣的趨勢下，要輕輕鬆鬆搭上國際航線，然後受到歐洲各國熱烈歡迎入境，實在是不可能的事。首先不管是從羽田還是成田出發搭乘國際航線，都必須要有七十二小時以內的 PCR 檢查陰性證明[1]。這還只是搭飛機的需要，到最終目的地烏克蘭入境，也要有四十八小時以內的英文陰性證明才行。不只如此，為了回國可以縮短隔離期間，還得有接種第三劑新冠疫苗的證明。光是這些準備，就已經讓人忙到喘不過氣了。

在出發之前，俄軍開始入侵烏克蘭

我們計畫的路線是在二十五日，搭乘從羽田出發的深夜航班，經由土耳其的伊斯坦堡，在二十五日中午抵達烏克蘭的基輔。就在我們按照預定計畫，正準備進行二十二日開始的ＰＣＲ檢查之際，傳來了俄軍開始入侵烏克蘭的消息。

「咦，已經開始了？完全被拜登總統說中了啊！」

這次美國情報機構的預測還真準啊……

「俄軍在馬立波（Mariupol）登陸了嗎？」「俄軍已經準備好入侵烏東二州。」

這樣一來，我就沒辦法搶在入侵前出發了！既然如此，就必須重新預約ＰＣＲ檢查不可，可是今天的行程都已經排定了，該怎麼辦才好呢？

我急得如坐針氈，然而時間卻只是徒然在虛耗中流逝。

到了二十四日，傳來「烏克蘭全境遭轟炸」、「基輔國際機場被俄軍佔領」的消息。

1 編註：聚合酶連鎖反應，Polymerase chain reaction，簡稱ＰＣＲ。

往基輔的飛機已經不通了，那烏克蘭的其他機場呢？走哪一條航線才能飛過去呢？烏克蘭的機場是不是已經全部封閉了？既然如此，那最接近烏克蘭的機場在哪裡？

即使過了預定出發的二十五日，我還是沒有排定入境烏克蘭的路線，而且戰況對烏軍愈來愈不利。看樣子，我是被新聞之神所捨棄了吧？不，果然是這兩年間的空白，讓我的直覺反應變得太遲鈍了吧……我不由得感到心灰意冷。這時，電視新聞中傳來「烏克蘭難民開始湧向波蘭國境」的消息。

對啊！烏克蘭東邊是俄羅斯，北邊是白俄羅斯，西南則被羅馬尼亞，摩爾多瓦所圍繞。當然爾不可能往東邊和北邊的俄羅斯、白俄羅斯逃，所以戰爭難民現在也只能往西逃了。畢竟，往西就是北約盟國[2]、第二次大戰期間遭到蘇聯入侵，戰後也成為蘇聯衛星國，和烏克蘭一起飽嚐苦難時代的波蘭。

於是，我打好了算盤，要在原先預定時間過後一星期的三月二日深夜、午夜時分剛過的零點五十分，搭乘全日空班機從羽田前往法蘭克福，從那裡轉乘漢莎航空的班機前往波蘭，在克拉科夫機場（Kraków Airport）換乘車輛，並在當天經由陸路進入烏克蘭。接著，我以這份行程表為前提，為了四十八小時之內必須準備好的ＰＣＲ檢查文件，再次動身出發。

已經沒有遺憾了，這會成為最後的戰場吧！

三月二日上午九點。我在前天預約好的羽田機場ＰＣＲ檢驗站做完了唾液檢查，然後便暫時回家一趟。接下來又是一陣兵荒馬亂；就在中午時分，從檢查前登記的電子信箱中，傳來了ＰＣＲ的結果：

「陰性」。

上面也通知說，要在晚上十點前去羽田機場，領取英文的陰性證明。這下非去不可了；這是新聞之神給在下宮嶋，要我早早動身的啟示吧！

羽田機場國際線航廈內的所有餐廳都因為新冠疫情的關係，在晚上八點就關門了。

2　編註：北大西洋公約組織（North Atlantic Treaty Organization，簡稱ＮＡＴＯ），成立之時是以美國及西歐國家為首，圍堵共產陣營西擴的多國安全組織。

既然如此，那在日本的最後晚餐，就得在附近的壽司店中早早解決才行。

都已經到了這個歲數，這會成為我最後的戰場吧！我毫無遺憾地一邊吞食著壽司、一邊綁起登山背包的帶子。就在這時候，一個不熟悉的電話號碼，出現在我的手機螢幕上：

是全日空傳來的。

「原本預定要搭乘的飛機因為要航經俄羅斯上空，所以取消了。」這是第幾次取消了？我再次湧起的幹勁，一下又被打了下去。但是，電話那頭的負責人又接著說：

「……不過，漢莎航空的班機有在土耳其上空飛行的許可，可以搭乘這班替代班機飛往法蘭克福。」

不只如此，晚上九點就可以在登機櫃台辦理手續，比預定的出發時間還早四小時。

「儘管登機出發時間比較早，但因為和一直以來繞過俄羅斯上空的最短距離相比，從土耳其方面要做很大的迂迴，因此需要十六小時的漫長旅程。在這種情況下，往克拉科夫的轉乘時間就不算很充分。」對方又這樣告知我。

當地在緊急狀況中，晚上十點到早上六點，全國禁止外出

在法蘭克福機場候機兩個小時，接著又花了兩小時飛往克拉科夫，最後在當地時間三日上午八點三十分抵達。那邊的檢疫、入境管理、海關都很鬆散，連PCR陰性證明都不用從懷裡拿出來。

雖然我在當地時間九點三十分就出了克拉科夫機場的入境大門，但一下子顯得有點無事可做。從克拉科夫機場往烏克蘭西部城市利沃夫（Lviv），要搭乘夜間高速巴士。我在網路上確認了一下，車資是三十歐元。

我想確認一下在哪裡搭車，但是情況相當棘手。儘管這座機場並不大，但擔任導引的小姐說：「沒有人從這座機場搭這種國際巴士直接前往當地的，所以我也不清楚。」最後，我終於找到了一位身穿黃色背心、相當親切的青年。大概是為了因應烏克蘭難民而設的志工吧，他拿著網路上印出來、像是車票的東西，打電話到上面的當地巴士公司辦公室。接著告訴我說，「巴士會直抵航廈前，顏色是灰色，車牌號碼2223，後方貼有巴士公司的標誌。」

晚上七點二十分。我從一小時前開始，就在航廈外邊打哆嗦邊等巴士，但過了出發時間，巴士還是不見蹤影。畢竟是在戰時前往國境，巴士會準時到來，反而奇怪吧！對面正有百萬以上的烏克蘭人正成為難民，在寒冷的夜空下，湧向安全的波蘭土地。既然如此，就算在這裡待上一晚，沒有處在槍聲下已經不錯了，不是嗎！

沒有對話也沒有笑聲，回到戰地的車子

晚上七點五十分，一輛沒打開車廂內燈光、黝黑的龐大雙層巴士，停在我的眼前。在駕駛座與副駕駛座上，可以看到兩個男人的身影。車牌號碼是「２２２３」。

咦？就是這部嗎？我敲敲車窗，遞出那張像是車票的東西。

「往留波夫（利沃夫的俄語念法）？」「噠！（沒錯！）」

副駕駛座上的男人一手拿過車票，從巴士上跳下來，把我的行李放進行李箱中。除了我以外，車上只有一名乘客。

巴士在離開航廈後，途中在應該是克拉科夫站前廣場的地方停下來，載上了男女

老幼將近十名乘客後，再次出發。車子雖然是在城鎮中奔馳，但光線相當黯淡。從黏附著雪與泥、有點骯髒的車窗往外看，只能看到高速公路的燈光。不久後，外面便陷入一片漆黑。

沒有對話也沒有笑聲；這是返回戰爭當事國的車子。如果是撤離烏克蘭的車，恐怕會擠得水洩不通，還會充滿悲泣與怒罵聲吧！光是想像那種遲早都要逃亡的景象，就讓人不禁心情低落。

晚上十一點三十分，巴士進入一條彎彎曲曲的道路，接著來到了一座稱不上明亮，但在日光燈下有十座站台並列的廣場。在兩側同樣昏暗的燈光下，可以看見擺著不停冒出蒸氣大鍋的桌子以及幢幢人影；大概是在波蘭國境這邊，提供烏克蘭難民溫熱飲食的志工吧！

儘管如此，景色還是相當昏暗。接著，巴士在另一片漆黑之中停了下來。在站台的旁邊，有座像是小小辦公室的地方，從裡面透出些許燈光。巴士內也點起了車燈，司機動作敏捷地收齊了全體乘客的護照，跑進那間辦公室內。不到三十分鐘，司機回到巴士，將護照還給所有乘客。在護照的書頁上蓋了波蘭的出境戳記，以及應該是檢查站地名的「DUDOMIERZ」。

「這輛巴士究竟來過這裡多少次了呢？」正當我這樣想著的時候，巴士再次停下來，接著司機再次收齊大家的護照。「為什麼要兩次呢？」雖然我有不太好的預感。但過了三十分鐘左右，我的護照又回到了手邊。巴士立刻發車，再次慢慢駛進了黑暗之中。從這裡過去幾公里，就會進入波蘭與烏克蘭的緩衝地帶；這次終於要辦烏克蘭的入境手續了吧！

烏克蘭時間凌晨四點，巴士停在某座廣場旁邊

然而，巴士完全沒有停下來的意思；已經開了二十公里以上，路上交錯而過的車輛也不斷增加。雖然仍是在黑暗中，但已經可以看見閃閃發亮的霓虹燈。過了加油站不久，可以看見「PECTOPAH」字樣的廣告。

有餐廳！西里爾文字！原來巴士早就進入烏克蘭境內了。只是像電視新聞上報導那樣的難民，卻連一個也看不見。

行駛八小時以上，終於抵達的利沃夫巴士站。

烏克蘭時間凌晨四點，巴士在某座廣場旁邊停了下來，從微弱的燈光和建築物的形狀來判斷，應該是車站吧！司機陸續從行李箱中將行李拖出來。車上只剩下一名中年女乘客，其他乘客全都下了車。

「利沃夫嗎？」

「噠！」

不停把行李搬下車的司機這樣答道。時間仍在凌晨四點，距離宵禁令解除，還有兩小時。

巴士開走了，把我留在原地。

第二章

抵達利沃夫

從預定好的瑞士酒店（Swiss Hotel Lviv）派來、到烏克蘭西部城市利沃夫巴士站接我的車子，在大概一小時後抵達了車站。司機會說英語；我心想，這時候可以開車嗎？而且還有宵禁令，真的沒問題嗎？

「下週開始要接受殺俄羅斯人的訓練」

不過，當我跟司機聊開之後就知道，這位司機平常是瑞士酒店的行銷，今晚是得到夜間外出的特別許可前來迎接我。

早上四點還在宵禁令下，街上看不見任何行人，也沒有車子駛過，這就是所謂的戰時狀況吧！儘管如此，網路功能還很正常；從司機的手機中，傳來澤倫斯基總統（Volodymyr Zelenskyy）朗讀聲明的英姿；總統正在報告說，剛剛傳來消息，烏克蘭東南部、歐洲最大的札波羅熱核電廠（Zaporizhzhia），遭到了俄羅斯的攻擊。

我想司機既然能得到夜間外出的許可，那就試著問他一件有點強人所難的事：

「可以載我到基輔嗎？」

「不行喔！下週開始，我就要接受殺俄羅斯人的訓練了。」

「……」

這種訓練的一部分成果，應該馬上就會呈現在我眼前了吧。

在燈火管制下一片漆黑、杳無人煙的市內奔馳三十分鐘後，我們抵達了飯店。

黝黑的建築中透露出一絲燈火，大門也已經打開。雖然只是姑且休息幾小時，但從羽田出發四十四小時後，終於能夠找到好好的一張床來歇息。然而，淪為戰爭難民、倉皇逃離的烏克蘭民眾，現在應該還在恐懼與寒冷中顫抖吧！只是，不管怎麼說，就算只有現在也好，就讓我靠著這張純白的床鋪睡一覺吧。在阿富汗、剛果、巴格達，不都是這樣嗎？能靜靜安眠的，就只有奔赴現場前的中繼點而已，接下來就只能裹著粗糙的毛毯，在槍砲聲中度過不眠之夜了。

到了第二天的早餐時分，又一次讓我大感驚訝。利沃夫飯店的早餐是從八點開始。之所以如此，是因為宵禁令，職員要六點過後才能出勤的緣故。但是在早餐會場的餐桌上，擺滿的不只是新鮮的蔬果，還有起司、火腿、雞蛋等。香腸熱呼呼的，不過不知道為什麼獨缺奶油；算了，反正這樣就很美味了，而且相當便宜！

利沃夫的餐廳，比起我在八年前去過、現在被俄軍進佔的頓內次克（Donetsk）的餐廳更美味。然而，這也只是到現在為止——這裡，現在還是座和平的城鎮。

兩百萬以上的烏克蘭國民，被迫逃離家園

對在下宮嶋而言，這是最後的戰場了吧！

……不，其實是我在心底期盼，這是最後的戰場。這種毫無道理的爭鬥、不，是侵略，今後應該還會不斷爆發吧！不只如此，這樣的爭鬥還呈現出一種把歐洲，甚至是我國（日本）都捲入其中，發展成世界大戰的徵候。首都基輔要是不能成為那男人（普丁）的玩物，就乾脆把它打回石器時代，他已經完全陷入希特勒的思維模式了。

再說，他真的以為俄羅斯就算按下核彈按鈕，美國的拜登總統和北約也沒膽報復嗎？一旦進行相互報復，美俄合計千發以上的核彈你來我往，那地球就要面臨末日了啊！人類應該不會愚蠢如斯，但那個男人的愚昧非比尋常……

假使這是地球的最後一日，我也要親眼目睹它的到來。抱持這種覺悟，在下宮嶋

急急忙忙準備好動身。可是……我實在也是老耄無用了，更正確來說，是過了六十歲，直覺反應整個遲鈍了吧！

如果我還是三十來歲，那我鐵定會一聽到北京冬奧前拜登總統的警告，就馬上穿著防彈背心，搭上飛機飛往基輔；然後就像二十年前的四月，在伊拉克戰爭終結時的巴格達那樣，從能夠俯瞰基輔獨立廣場的一間旅館房間中，漂亮的拍下將侵略者趕出去的基輔市民，歡聲雷動湧向廣場的景象吧！但是現在嘛……別說基輔了，烏克蘭的機場都已經落入侵略者的手中，還有兩百萬以上的烏克蘭民眾正在列車與巴士上擠成一團，或是在風雪吹拂中，徒步逃離國家呢！

為了讓家人能夠安全逃離，烏克蘭剩下的士兵正在拼命和侵略者作戰吧！明明知道這點，我卻沒有帶防彈背心、鋼盔（防彈安全帽）或防毒面具。這是因為我已經做好覺悟，一旦進入烏克蘭，如果要走，就要和難民一起徒步走出國境。在這個或許會成為惡劣至極最後戰場的現場，我用來護身的道具，就只有當然必備的備用照相機和鏡頭而已。

可是……我到底在做什麼啊？現在烏克蘭的居民，他們的家、財產、家人、國土，正不由分說地被野蠻人奪走，只帶著隨身細軟，從國家被趕出去。而我，卻隻身衝進了這塊被野蠻人支配的土地，而且還是個年過六十的老頭。

在逃出這塊土地的人民眼中看來，我根本就是赤手空拳進來的。又，在Omircon病毒持續肆虐的狀況中，在下宮嶋即使在經過通往烏克蘭的必要轉運地德國、波蘭，每當入境的時候，也都準備好接種三劑疫苗、七十二小時之內的陰性檢驗證明，只因為我相信這是跨國境旅行者理所當然的義務。然而現在，入侵烏克蘭的俄羅斯士兵，不要說七十二小時以內了，就連俄羅斯製的那個什麼「史普尼克」疫苗（Sputnik）也沒打半劑吧！這些傢伙到底是在幹什麼！不過話說回來，他們本來就沒把烏克蘭看成是一個國家，甚至也沒把烏克蘭人民看作是人吧！

這樣的行為、這樣的暴虐居然會被允許。如果烏克蘭敗給俄軍，這樣的惡徒就不會受到任何懲罰了。不管是當事人的俄羅斯國民、或是假裝成世界警察的美國都是如此。就連烏克蘭總統向其請求伸出援手、拯救民眾的北約，也是任這男人予取予求，不是嗎？世界還打算讓「慕尼黑會議」[1]再次發生嗎？

儘管如此，日本人也只是對這場歐洲的悲劇，抱持著隔岸觀火的態度。不只和這樣的俄軍，還與更惡劣的中國共產黨政府、以及北韓金三代這種恣意妄為的擁核獨裁國家為鄰，結果還相信高唱「憲法九條」，就可以一直維持和平下去……

獻給犧牲者的彌撒

位在烏克蘭西部、靠近波蘭國境的城鎮利沃夫，是個讓人懷疑是不是身處在戰爭國度。寧靜美麗的城鎮，簡直……就像波士尼亞紛爭中的塞拉耶佛（Sarajevo）那樣嗎？——除了每晚轟然作響的空襲警報，以及充滿難民的中央車站以外。

在旅館的餐桌上，擺著新鮮的蔬果，打開水龍頭，也有溫暖的熱水流出。走到鎮上，大排長龍的是藥妝店、槍械店，還有星期天的教會。

在這片由石板鋪成的舊市街中，聳立著歷經四世紀之久、威風凜凜的聖彼得聖保

1 編註：一九三八年在德國召開的慕尼黑會議，希特勒提出要求併吞住有不少德語裔民眾的「蘇臺德區」，英國首相張伯倫、法國總理達拉第對此妥協，意圖換來希特勒就此罷手的條件。但事與願違，希特勒的意圖並沒有這次的得手而善罷甘休。失敗的綏靖政策，最後卻造就了一個更貪婪的政權。

羅教會（Church of the Most Holy Apostles Peter and Paul）。它屬於淵源久遠的羅馬天主教會一派，之前在信奉馬克思「宗教是人民的鴉片」的蘇聯時代，它也曾經遭逢災難。但現在則是為那些為烏克蘭奮戰倒下的軍人，以及戰爭孤兒進行祈禱、賜予祝福。簡單說，雖然教義完全不同，但就是像烏克蘭版靖國神社般的存在。

在利沃夫的教會，正為跟這個星期天突然越過國境、蜂湧而至的侵略者戰鬥，武運不濟倒下的烏軍將士與民間犧牲者，舉行獻上祈禱的彌撒。

「將來的羅馬教皇應該就是這位了吧！」雖然只有烏克蘭人這樣相信，不過昨天剛從基輔撤出的托斯主教，即使到了這個時候仍然說：「無論如何，我們都應該要寬恕俄軍」；接著他又說，「俄軍也只是被一個惡魔所欺瞞的迷途羔羊啊！」

彌撒結束後，一位走出教會外的老人要求跟我握手，並在我耳邊小聲地問：

「亞波尼達？（你是日本人嗎？）」

這天，我國政府宣布提供防彈背心、頭盔與醫療用品給烏克蘭的報導，剛剛傳到利沃夫。為了運送這些物資，還動用了自衛隊飛機；幸好沒有聽到日本在野黨對此表示反對……

上）在聖彼得聖保羅教堂中，召開為這場侵略戰爭犧牲者的追悼彌撒。

下）彌撒結束、信徒離開後，一位烏軍現役女軍官前來造訪祈禱。

「我們的敵人是一樣的。」

「庫里爾（千島）和克里米亞（Crimea）。」

接著，老人更小聲地說：

「我們會贏的，這裡是我們的土地啊！」

畢竟是在上帝跟前，總不能說「要把俄軍送去見上帝」吧！

在這裡必須再說一次：和我國雖然隔海相望，但擁有核武的國家共有三個。這三個國家都唯狡詐的領袖馬首是瞻，而其中一個不只現在正挾核武蹂躪烏克蘭，更對國際社會持續造成威脅。

而堅持「日美安保」的美國，面對這些擁核國引發事端，並沒有做好準備，這也是相當清楚的。那麼，如果我國的列島再受侵略的話……

既使如此，我們仍然要跟那部憲法一起殉情嗎？讓防衛經費與自衛隊的裝備、兵力維持現狀，這樣真的好嗎？

在我國，像烏克蘭人民這樣，賭上性命也要守護國土、充滿氣概的年輕人有多少？在下宮嶋比起烏克蘭，更遠遠憂心祖國。

主教做完彌撒後不久，一輛蘇聯製的ＹＡＺ卡車在教會前停下；一名身穿迷彩服的女軍官從車上慢慢走下來，把腰間的手槍放在車內、走進教會。接著，她在祭壇前屈下膝蓋，進行簡短的祈禱後，又馬上走出去。她祈禱的是死去同胞的安眠，還是神對自己的保佑呢？

悲泣、怒號、嗚咽不絕於耳的利沃夫中央車站

作為走訪這個城鎮的新聞記者，我最初採訪的利沃夫中央車站，擠滿了為數驚人的群眾；大家甚至連戴上對付新冠肺炎的口罩都沒有多餘的心力。

和從敘利亞與伊拉克流亡不同，這些是從歐洲流亡到歐洲的難民，為數已經達到一百七十萬人以上。

在這些人當中，有很多是暫時逃亡到波蘭國境線附近的利沃夫這座城鎮。列車經常拉著三十輛以上的車廂，以延伸超過新幹線一倍的長度，慢慢地滑進月台，將大量的難民卸下來。

在利沃夫中央車站，雖然難民多到滿出來，但因為有志工提供溫熱飲食，所以並沒有產生混亂。

這座中央車站，是從北部首都基輔與東南部核電廠遭攻擊的札波羅熱等激戰地逃出的難民、意圖逃往更安全的波蘭與摩爾多瓦的難民，以及準備勇敢返回北部、和俄軍對壘的年輕人匯集的交叉點。如果用前一次世界大戰的話來形容的話，就是像卡薩布蘭卡（Casablanca）[2]這樣的城鎮吧？在這座中央車站，悲泣、怒號與嗚咽聲，不絕於耳。

甚至從火車站和月台上，也有往外的人潮。那些是沒搭上車的難民，往外溢出來的結果，但出乎意料並沒有看見混亂的場景。這是因為利沃夫雖然是和東部戰線有一段距離、乍看之下安全的城鎮，但有許多志工和支援團體聚在這裡提供溫暖的飲食之故吧！在火車站外也設有一大排的臨時廁所，但以現場數千名群眾的比例來看，也沒有大排長龍的景象；又或許是天氣寒冷的緣故，甚至也沒有惡臭飄散。只有為了取暖，在汽油桶下面點起的火煙，薰染著眾人的眼睛。

難民就這樣在利沃夫，姑且獲得了喘息。只是，這種安穩能夠保持到什麼時候，誰也不知道。

久違的空襲警報傳入耳中。不只如此，之後這座城鎮幾乎是每日警報不斷，每當聽到警報聲響起，大家就紛紛衝進防空洞當中。

車站前的喧囂，一瞬間歸於靜寂。不久後，不知何時方能返回家園的難民，再次擠上列車，成為往更西方的波蘭、斯洛伐克、摩爾多瓦流浪的人流。在這當中，應該也有不少人會再次回到祖國吧！只是當他們再次回來時，烏克蘭或許已經不再是烏克

2 編註：位於北非的摩洛哥，當法國在二戰淪陷後，卡薩布蘭卡被親德的維希政府所管治，一度是意圖逃離納粹統治到自由世界的跳板。

在連日零度以下的屋外，眾人用汽油桶點火取暖。在寒冷之中，煙薰染著人們的眼睛。

蘭人的土地了。從車窗最後見到的祖國，是逃離戰禍的同胞，這不是太不幸了嗎！

為了守護自己的性命，人們會毫不猶豫拿起槍來

現在戰火不只沒有停歇，俄軍還正節節包圍烏克蘭的首都基輔。距離這樣的東部戰線約五百公里、位在西方靠近波蘭國境的城鎮利沃夫，這裡雖然每天空襲警報響個不停，但到現在還沒有看見轟炸的損害，也還沒有傳來俄羅斯地面部隊出現的情報。

話雖如此，對手是號稱世界領土最大的國家，即使與世界上許多國家為敵，也要把相當於日本列島一點六倍面積的烏克蘭國土納入自己的手掌之中。首先是首都基輔，接著是南部黑海沿岸的渡假勝地敖德薩（Odesa）。再下來，他們會不斷往西，追求更多領土，這座利沃夫也會成為目標吧！不、不，為了不讓這種情況發生，對自己力量充滿信心的士兵，現在也正在奔赴前線當中。

現在烏克蘭已經發布了國民總動員令，十八歲到六十歲的烏克蘭男子，不管有沒有服過兵役，全都必須留在這片土地上和侵略者奮戰到底。

即使沒有「為了守護祖國」、「為了自由與和平」這樣的大義名號，為了守護自己的性命，人們還是會毫不猶豫拿起槍來。如果深愛的家人和朋友遭到殺害，昨天為止連蟲子都不敢殺的人，也會把槍口對向敵人。然後，憎惡會互相增幅，這就是戰爭。

但是就這場戰爭而言，不管怎麼看，俄羅斯都不是站在大義一邊。普丁的話語，只不過是單純的詭辯罷了。他只是以自由驅使強力軍隊的大國權力者身份，在蹂躪沒有這種自由的小國而已。即使這片大地已經流下了雙方的大量鮮血，他也毫不在意。像這樣的傢伙只有痛到自己，才會變得很敏感吧！

對手完全沒有遵循任何國際條約或聯合國決議。被這種兇殘之輩襲擊的烏克蘭民眾，既沒有聽到任何漂亮的檯面話，也沒有餘力去聽這些話。若是不去殺人，就會被殺；住居、財產，還有這片大地，都會被恣意且毫無慈悲地奪走，這場戰爭就會失敗。

話雖如此，對方是世界首屈一指的軍事大國，還保有六千顆以上的核彈頭。直到現在，他們還沾沾自喜，認為只要一發核彈下去，烏克蘭民眾和國際社會就會顫抖不已。儘管這樣、儘管這樣，老兵還是拿出以前學會的一身本領，年輕人明知是螳臂擋車，也還是握起了槍。明明知道是趕鴨子上架，但為了無論如何要向敵人報一箭之仇，所以不停拜託老練的好手教導技巧。戰鬥精神被喚起了，明明知道自己勢單力薄，還是不停奔赴前線。

不管會到怎樣的部隊，都能當成即戰力使用

在利沃夫市的設施當中，也有市民志願團體在招募退伍軍人，從操作槍枝的基本動作開始，接受實戰的射擊訓練。

烏克蘭和我國一樣，平時就不斷受到俄羅斯的威脅。但自二〇一四年（俄羅斯合併克里米亞以來），就和我國不同，把兵役當成了切實履行的義務。在一定的兵役期間結束後，除了作為職業軍人、加入正規軍的人員以外，都會歸入預備役。

面對這次的外國侵略，他們也立刻進行了徵召，人數達到九十萬。當然，現役與預備役的戰力差相當明顯。然而，近代戰爭是總體戰，不只是最前線的兵力在作戰，從不久之前綿延六十公里以上、因為欠缺後勤，動彈不得的俄羅斯軍用車輛停滯狀態就可見一斑。

不管九十萬預備役有幾成回到原部隊，就算沒辦法歸建的人，也會回到對第一線進行後方支援的某支部隊中，並在那裡積極訓練，以期作為即戰力派上用場。

看哪！即使沒有身穿制服，他們還是努力在練習使用ＡＫ－47（卡拉什尼可夫）步槍。大家的表情都很認真。下次拿起槍的時候，就是要把槍口對準侵略者、扣下扳機的時候了。不只是俄羅斯，被更惡質獨裁國家的核武團團圍繞的我國，實在值得見習啊！

「ＵＰ！（舉槍！）」、「不要一不小心扣下扳機！」

「在幹什麼，上身太前傾了！」

「敵人就在眼前！敵人不會等著你開槍打他們的！」

不管教的人還是學的人，全都拚上了命。

敵人真的已經逼近眼前了。諷刺的是，這間利沃夫市拿來訓練的設施，原本是俄羅斯文化中心。這裡不只是烏軍預備役、乃至於國土防衛隊的訓練設施，更是要送往最前線的物資、糧食等的儲存所兼中轉地。

在烏克蘭，女性也要投入戰鬥

在現今的烏克蘭，不管男女都在考慮自己能為祖國做什麼、又該如何善盡最好的責任。

男人也好、女人也好，能拿槍的全都拿起了槍；擅長管理的人全都絞盡腦汁，思考該把武器和生活物資運到那裡、又該怎麼運才好，手藝靈巧的人進行武器整備，擅長料理的人則一心為了最前線將士揮舞菜刀──不管男女都是如此。

在離別之際，一位女性管理人員伸出雙手，向我要求握手。這裡的女性官員全都通英文：

「你是日本人，這點真是太好了。請庫里爾群島（北方領土與千島列島）同樣被俄羅斯奪走的你們，也來一起奮戰吧！我們的行動雖然只是一小步，但最後一定會贏得勝利！」

在烏克蘭，女性也要投入戰鬥。

這座利沃夫不只是難民路過的城鎮，也是前線的補給基地。因此，俄軍何時會襲

民眾和預備役軍人，
自主進行戰鬥訓練。

大量製作要送給前線吃到熟食的利沃夫女性。

來也說不定。

「等待真是讓人神經磨耗不已……」

「還沒嗎？還要等嗎？還要到明天嗎？」

抵達利沃夫已經過了一週，而我仍然留在這裡。

確實，烏克蘭全境都已成為戰區，即使在這接近波蘭國境的利沃夫，也可以感覺到空襲與砲聲日益逼近。

但是，待在這裡動彈不得也不是辦法。

「吃不消啊……等待真是讓人神經磨耗不已……」

仔細想想，我們記者的工作不就是等待嗎？從在路旁埋伏開始，在下雨天等著政治家出來、為了在記者會上占個好位子，從幾個小時前就在會場待命，就這樣，幾乎都是一直在等待。

要說更長的等待倒也不是沒有。那是在進入阿富汗之前，前往塔吉克的首都杜尚別，在與塔利班政權對立的北方同盟大使館中，等著前往佔領地的直升機……相反地，在撤出阿富汗的時候，我在水、電、瓦斯、通信、一切基礎設施都沒有的潘傑西爾山谷（Panjshir），什麼都無法做，光是枯等直升機過了兩週。這樣我都等過來了，不是嗎？

在伊拉克戰爭開戰前，我在約旦的首都安曼申請伊拉克的採訪簽證。在那一週間，我幾乎使盡了各種手段，整整一週在城市裡東闖西晃（詳情請見在下的著作《畢比利安之夜》〈暫譯，『不肖・宮嶋のビビリアン・ナイト』〉）。

但是，這座利沃夫城，跟那座沙漠城鎮的狀況完全不同。

從這裡過去的基輔還在飄著細雪，世界首屈一指的軍事大國，正把大軍派進由不得自己的小國，蹂躪著大地與城鎮。

和科索沃紛爭停戰後的北約部隊與伊拉克戰爭的美軍不同，這次逼近的是侵略軍。他們已經逼近首都基輔二十公里處，正在一步步收緊包圍網。在這種情況下，無論如何我都該進入基輔，從最靠近的距離觀看烏軍與基輔市民的奮鬥，並將它拍攝下來，不是嗎？

可是這樣的想法，說到底只是攝影記者無聊的自我滿足而已吧！我並沒有很清楚察覺到，當地市民對戰爭的不安、以及對俄羅斯的憤怒。即使一分、一秒也好，想早點逃到安全的土地、逃到不用擔心被殺的國度。這不也是很普通的嗎？

終於降臨的一絲希望

等到家人都逃往安全的土地之後，男人們就可以心無旁騖地面對侵略者吧！在我們這個安於和平的愚蠢東洋島國，明明就和烏克蘭一樣，有著奪取我們領土的敵人，卻從國會議員到律師，全都擺出一副膽小無用、要烏克蘭「反正怎樣都會輸給俄軍，不如早點投降」的糟糕調調。這種論調走漏到烏克蘭，實在讓我顏面無光。

要讓這樣的日本人眼睛為之一亮，也為了讓國際輿論的興趣投向基輔，我非去不可，不是嗎！

這時候，一絲希望終於降臨。那就是和運送醫療物資進入基輔的志工車隊，一起進去採訪。既然大路走不通，那就抄小道進去吧！

現在，相關人士根本沒時間管正在下這樣的人在做什麼，為了正在基輔翹首等待藥品與醫療用具的醫生和患者，拚命在集中物資呢！

等物資集中完成後，他們就會從利沃夫出發。等待那邊傳來聯絡，花了整整兩天時間。在接下來的烏克蘭，首都基輔會變成怎樣？我們真能平安抵達基輔嗎？路上不會遇到危險嗎？儘管未必能盡保安全，但會危險到什麼程度？如果在路上遭遇俄軍的話，該怎麼辦？這樣的不安，不停浮現在我的腦海中。

無言的憤怒

然而，這又如何？現在基輔固不用說，從伊爾平（Irpin）到赫爾松（Kherson），烏克蘭的民眾正被毫不講理的侵略者，不斷奪走財產、家園與國土，只帶著隨身細軟，一家人或是徒步、或是擠著火車，逃往安全地帶。

誰都不想長期離開熱愛的家園、故鄉與祖國。和這種苦難相比，我這個攝影記者的不安，只不過是蚍蜉撼樹的程度罷了吧！

儘管如此，我還是忍不住好管閒事的個性，在城鎮裡四處晃蕩，好讓自己一時忘卻這些愚蠢的不安。

今天，久違的晴空正好伸展開來，儘管氣溫仍在零下、離春天仍遠，卻有出乎意料眾多的利沃夫市民在路上漫步。

在街角和路上，隨意掛著嘲諷普丁總統和侵略大國俄羅斯的海報，在祖國的英雄銅像前，獻著與烏克蘭國旗同樣黃色與藍色的花——雖然究竟是什麼花，粗俗如在下並不了解。

這和某個半島國家集體燒毀、撕破國旗、照片與肖像一樣，不是一種誇耀的行徑，卻是烏克蘭國民對俄羅斯，表現無言憤怒與無限憎惡的態度。

第三章

抄小路

三天前我在晚上的利沃夫中央車站採訪時，認識了醫療志工伊戈爾。當伊戈爾打電話來的時候，是天色已經開始黯淡的晚上五點鐘。

「我們今晚出發。」

「咦！今晚？要開夜車嗎？」

「沒錯，一小時後我過去旅館接你。」

迄今為止我一直覺得要去的話就盡早，最好明天一早就踏上當地，但是萬一……，「哎，讓我有點心理準備好嗎？」我雖然想把這句話說出口，但還是勉勉強強把它嚥了下去。

他們也是烏克蘭人。在馬立波和卡爾可夫（Kharkiv），不要說一小時了，往往空襲警報才剛響起，炸彈就已經落在無辜市民的頭上了。

現在仍在逃離烏克蘭、變成難民的烏克蘭人家庭，應該都是一邊聽著俄羅斯戰車履帶與石板路在背後響起的摩擦聲，一邊勉勉強強把所有財產塞進一個個包包裡吧！和他們相比，攝影師的行李不管怎樣，都還是太多了一點。不過我也曾預想過，回程的時候要和淪為難民的烏克蘭民眾一起徒步越過國境。另一方面，也有可能要從基輔搭乘擁擠不堪的列車，所以我是帶了兩個行李箱。

然而，行李箱和歐洲石板路的契合度有夠糟，這是我來之前從沒想到過的。早知道，乾脆帶個特大號的背包就好了……

搭上貨物塞滿滿的福特車出發

車子停在從旅館正面的窄巷、通往大道的前方。那是一輛比日本同類型車子龐大了許多的廂型車——不，說是卡車也不為過，白色車體，上面畫了紅十字，怎麼看都是救護車的大型福特車。

「行李就只有這些嗎？很好，那就把它塞進這裡面吧！」

左右對開的後車廂門打開了，一直到車頂，全都滿滿塞進了同樣畫著紅十字的無數箱子，簡直像是要隨時要垮下來一樣。我勉勉強強找到了縫隙，把兩個行李箱塞了進去。

幸好，我的行李不多。如果像平常那樣這個也帶、那個也帶，還帶上備用的照相機跟三腳架的話，那搞不好就得把要送到烏克蘭民眾手上的醫療品卸下一些了呢！畢竟，現在把救助人命的醫療品和日本攝影師無關緊要的行李放在同一個空間裡，就已經夠讓我慚愧了……

「好！沒時間了，我們馬上出發！雖然會有點不舒服，不過你就坐在中間吧！」

被伊戈爾在背後推著，我擠進了福特車駕駛座的正中央。

「好窄啊！」

明明這輛車子很龐大，但寬廣的只有後面的行李廂。駕駛座不要說背躺了，連向後調整的空間都沒有，整個是固定的，就連日本的小貨卡都比這個寬大。不只如此，腳邊還堆著應該是食品的東西吧？一直有莫名的蒜味飄散上來。還不只這樣，伊戈爾和那位駕駛大叔，也都是體格魁梧的巨漢。

「卡嘰！」

將手排車的排檔桿推到低速檔，車子在夜幕開始低垂的利沃夫堵塞街道上東奔西竄了起來。每當司機換檔的時候，他的粗壯手臂就會戳到我的腰部；但要是不這樣幹的話，搭火車就不知道等要到何年何月了。

放在得來速旁邊的名產——礦泉水的巨大木桶。從這裡會像泉源一樣流出水來。

這樣其實也不錯，不是嗎？

想想擠在無立錐之地的客滿列車裡，只能不停站著，一邊安撫哭泣喊叫的孩子，一邊流亡出國的三百萬烏克蘭人民吧！再說，往基輔去的列車，現在也絕對稱不上安全，什麼時候會遭到俄軍攻擊，誰也說不準。搞不好我會親眼看見一九九九年在科索沃（Kosovo）採訪時，北約的F-16戰鬥機對滿載乘客的列車空襲後，那副地獄般的景象也說不定呢！

「我是茂樹，你可以叫我雅碰斯基（日本人）。」我向司機大叔這樣搭話後，他回答說：「我是路斯蘭！」

太好了。果然是烏克蘭，即使沒喝酒，人們也這麼充滿活力。不只如此，他們打招呼的樣子，還跟美國人有點相似。

讓人感覺「煩死了！」的持續攔檢

被路斯蘭和伊戈爾夾在中間，我們的福特車還堵在利沃夫的街上。利沃夫從晚上十點到第二天早上六點都禁止外出，所以每一條回家的路，沒一下子就壅塞了起來……但，其實不是這樣的。交通會堵塞，是因為幹線道路上佈滿了檢查哨的緣故。他們是要警戒俄羅斯的破壞工作與後方擾亂，還有對烏軍與政府的非法情報蒐集，甚至是間諜活動。

假使在下宮嶋從剛才的旅館退房之際，拿著俄羅斯政府發行的舊認證文件（記者證）到櫃台，那毫無疑問會遭到烏方的訊問吧！現在是戰時，要是被懷疑就完蛋了。

「快啊！」

福特貨車猝然從靠近中央的地方轉換車道，一口氣鑽進應該是留給緊急車輛使用的空車道，就這樣衝出了堵塞的車陣。果然，這輛貨車平常就是當救護車用的吧！

可是救護車超速的好處，到了第一個檢查哨就告終了。檢查哨在這之後，幾乎是以讓人要大喊「煩死了！」的程度不斷地綿延著，簡直是無休無止。面對這好幾十次的檢查，我數到三十次之後，就受不了而放棄了。

據伊戈爾說，平常從利沃夫到基輔，直線距離約五百公里，車程約五小時左右，但現在大概要超過十五小時以上。之所以如此，是因為要遠遠繞過靠近俄軍的危險地帶，還得通過這些為數驚人的檢察哨之故。

檢查哨必備的文件，伊戈爾和路斯蘭說是「身分證」。不過，他們現在用的是數位身分證，只要用手機嗶一下，接下來再出示貨物證明與車檢證就行了。只是有時候貨物不是全部都能這樣通關，還要隨機打開檢查，這又要花上不少時間。

在這當中最令人可疑的應該是我了吧。不過這也隨著路斯蘭的一句「雅碰斯基、佛脫扣雷斯碰真特（日本的攝影師）」，讓我得以輕騎過關。很多時候，檢查哨都是說一句「空尼基哇」（註：日文的「你好」），然後在我拿出護照之前，光是看看我的記者證就讓我過關了。

不只如此，在國內完全派不上用場，由我身為會員的日本攝影師協會（日本写真家協会）所發行的海外用記者證，也變成了堪稱稀有卡的寶貝。要是知道這點，野町和嘉會長應該也會很高興吧！說到底，不管怎麼想，烏克蘭人對於領土一樣被俄羅斯奪走的人，應該打從一開始就會抱持親近感吧！

通過第一個檢查哨之後，交通量瞬間驟減。不只如此，照明燈也一下子消失得無影無蹤。我們明明還在直達基輔的歐洲四十號公路（E40）上，環顧四周卻看不到其他的車子。這輛裝滿貨物的福特貨車當然速度快不起來，一直被後面趕上來的大卡車超越，不久後就漸漸只剩我們一輛車了。

從利沃夫出發兩小時後，我們為了尋找廁所和休息，在一間黑暗中閃爍著明亮霓虹燈的得來速前停了下來。

為什麼要在這間得來速停下來呢，我很快就知道了。在還勉強營業的店鋪旁邊，有一個巨大的啤酒桶，從裡面正汩汩地湧出水來。路斯蘭抱著一個一點五公升的塑膠瓶，開始注入從龍頭溢出的液體。「雅碰斯基，喝吧！」在他的邀請下，我在幾乎已經空掉的塑膠瓶裡注入液體，然後一口飲盡。開關水管上面裝飾著耶穌基督的肖像畫，路斯蘭似乎也隨之湧現了活力。

在店鋪裡和日本一樣，擺放著包含礦泉水在內的飲料以及零食，看起來跟平常並沒有什麼兩樣。我想到自己在利沃夫還沒有好好吃過晚餐，於是便點了個漢堡。用微波爐加熱的漢堡，比起日本便利商店的大上許多，而且富含肉汁。又，烏克蘭在黑海沿岸的紅酒相當有名，當然咖啡也是美味出了名。這間得來速也有提供現磨的咖啡，價格是五十荷林夫納（約兩百日圓；註烏克蘭貨幣名稱）。

但是，和平常無異的景象，也就到此為止了。

高昂的士氣

不管再怎麼厲害的美國貨車，後面裝了這麼多貨物，速度也是快不起來的。透過燈光，可以看見為數不多、擦肩而過的對向車。

距離俄軍地面部隊入侵的東部戰線還有一段距離，但是幹道上已經驟然出現了路障與沙包。我們馬上關掉了車頭燈，取而代之的是開起車內燈，表示車內有幾個人搭乘、且沒有武裝；接著我們又更進一步開啟雙黃燈、停下車子。

每當雙黃燈閃爍的時候，令人忍不住心想：「擺這麼大陣仗是在做什麼」，宛如哥吉拉電影一般龐大沉重的水泥製路障，與粗壯的鐵製反戰車拒馬就會浮現在眼前。這裡已經沒有路燈，陷入一片徹底的漆黑，全副武裝的士兵將手指扣在扳機上，一路逼近過來。在雙黃燈的明滅中，看起來宛若掉幀的動畫一般。

雖然這時候只能相信烏軍，但他們還是讓人感覺有點恐怖。為了避免展現出不自然或怪異的行動，我們極力不做出任何動作。不過，烏軍也還是人。在一向暖氣效果不好的福特貨車內，流竄著刺骨的寒意。幸好的是雖然在飄雪，但從汽油桶裡燃燒的火焰，可以看到周圍也有武裝齊全的士兵，正左右搖晃身體，把手放在火堆上取暖的剪影，多少讓人安心一點。

剛才在得來速的時候是零下四度，在樹林中應該溫度會更低才對。儘管如此，從敵人眼中看來，火焰應該會是很好的目標。所以，他們看來不是正規軍，而是預備役徵召後重新編組而成的國土防衛隊吧？不只如此，現在還有接受政府發放武器的民兵與自衛隊，乃至於包含日本在內，來自外國的義勇軍等各式各樣組織混在一起。但是，我們可以看到這些組織相互配合得很好，彼此補齊了不足的部分，而且包含在這附近的民眾，大家的士氣都極度高昂。

他們在檢查時，完全沒有做出要抽成或是押金之類的要求。對於把我夾在中間的兩位大漢，檢查哨也很認真地不斷叮嚀說：「因為會讓我們的警備狀況暴露出來，所以絕對不許攝影喔！」看樣子，現在仍然留在國內的人們，對於勝利仍然深信不疑吧！

他們是真的打算打贏那個大國俄羅斯。他們既不像過去在伊拉克所見到、號稱精銳的共和國衛隊那樣，高聲叫嚷著：「為海珊流盡最後一滴血」，也不像北韓在團體操中那樣，喊著：「遵從大將軍的絕對領導，將敵人的鮮血染紅大地」。他們完全沒有這種誇張、歇斯底里式的口號叫囂。

說到底，澤倫斯基總統是民選出來的，因此不會有人嚷嚷著要「為他而戰」。大家都是為了生養自己的這個國家、為了守護家人，不待某人命令便挺身而戰的吧！

不喝酒的烏克蘭人

俄語固不用說，就連英語也通的伊戈爾，大概是有意讓自己保持清醒吧，所以開始滔滔不絕地說起話來。他們兩人其實酒量都很好，但現在烏克蘭全境都處在緊急狀態。這和我國面臨新冠疫情那種緊急狀態不同，是市民正每天遭受到殘暴侵略者殘忍殺害的超危急事態。當這項緊急狀態發布之後，酒類就從所有商店和酒吧的架子上消失了。就連在旅館的小吧台上，小瓶裝的迷你酒也都一瓶不剩地被撤了下去。

面對政府這麼蠻橫的做法，烏克蘭愛喝酒的人們應該會非常憤怒才對——大家大概會這樣想吧？在日本，即使因為新冠疫情，使得飲食店無法提供酒類，但因為酒店和便利商店還是持續有在賣酒，所以我們還是可以透過線上飲酒會之類的方式，放心地暢飲。更不用說在比日本更多人愛喝酒的烏克蘭，要當地人不喝酒，感覺根本就會引發暴動吧！就算是在餐廳或者旅館的酒吧中，想要裝做若無其事，對侍者和酒保悄悄說聲：「威士忌」，也會被冷淡地峻拒說：「這是不許可的」。於是，我跟伊戈爾與路斯蘭在車程中，熱烈談論起日本與烏克蘭的酒經。

烏克蘭黑海沿岸是紅酒的名產地，我喜歡的伏特加，在這裡也有「涅米羅夫」（Nemiroff）這個知名品牌。相較於俄羅斯原版伏特加的便宜無味，涅米羅夫的味道更純，再配上橄欖或洋蔥就更好了……唉，最後我不禁說：「這次在鎮上沒喝成，下次再喝吧！」

我的本意似乎沒有被看透。他們對我說：「等我們勝利後，愛怎麼喝就怎麼喝啦！」

眼前留在烏克蘭與侵略者奮戰的人們，不分男女老幼都做好了在嘗到勝利美酒之前，要經過臥薪嘗膽的覺悟。這和俄軍就大不相同了，在喬治亞（格魯吉亞，Georgia〔Sakartvelo〕），要通過俄軍支配的地區，就非得給指揮官一盒香菸不可。當發生樺太（庫頁島）地震，人們想要踏進禁止進入的地區時，都會隨身帶著一瓶威士忌，等出來的時候，整個瓶子都已經空了。

這就是烏克蘭能夠成大事的象徵吧！他們這種在日本絕對無法理解的鬥志，或許可以像日俄戰爭中的我輩先人一樣，達成戲劇性的結果吧！我愈來愈有這種強烈的預感。

在下一個出現眼前的檢查哨，會再次遇到烏軍嗎？

可是，做為日本人，對於陷入精神論這檔事，必須要慎之再三才行。接下來，這樣的樂觀論在夜晚的黑暗中，一瞬間消失得無影無蹤。

福特貨車的輪胎落入了路上一個敞開的大洞裡，「碰」地猛烈彈跳了一下，揚起一陣尖銳的吱呀聲。

穿越林間通過檢查哨，明明應該要進入聚落的，但是不要說燈火了，連人的動靜都感覺不到。當然這個村鎮應該有接獲燈火管制的命令，但路斯蘭踏油門的腳卻顯得有點猶豫。在下一個出現在眼前的檢查哨，會再次遇到烏軍嗎？誰能保證遇到的不會是別的東西？

「好可怕……」

我們再次回到四十號公路上。

「要進行最後的汽油補給了！」

時間已經逼近晚上十點的宵禁令前不久，福特貨車加滿了油箱上限的二十公升汽油。抬頭仰望，天上懸掛著一彎上弦月。我們這輛貨車，似乎是今天最後的客人。加油站的燈光熄滅了，閃爍的星光探出頭來。

「好冷啊！」

「現在是零下八度嘛！」

明天也會是個好天氣吧！只是因為放射冷卻之故，顯得更加寒冷。

「趁現在，來吃個東西吧！」

在歐洲並沒有讓車子維持怠速，然後在車內取暖的習慣，大概是因為比起取暖，更重視燃料節約的緣故吧。不過就算再冷，在狹窄的福特貨車內也比外面來得更……哎呀，外面就別提了，鐵定會凍死的吧！就這樣，在下宮嶋再次被兩位邋遢的大漢夾在中間，靠著他們取暖。如果是女生的話，感覺應該會很不一樣吧，不過……

兩側的大漢說，「這是我老婆做的喔！」接著便將起司火腿三明治，以及從保溫瓶中倒到紙杯中的咖啡遞了過來。看樣子，我剛剛坐進福特貨車時聞到的蒜香，應該就是三明治的洋蔥香味了吧！

「富庫斯涅（好吃）！」

「那是俄語，我們這裡（烏語）要說『多哲斯馬諾』。」

眼淚簌簌落下，不是因為洋蔥，更不是因為寒冷。

還有一半的路得走

已經過了宵禁時間。走這條路真的沒錯嗎？駕駛不知從什麼時候開始，由路斯蘭換成了伊戈爾。即使換了司機，檢查站還是一個接著一個，連睡覺的時間都沒有。

這時候就要請出文明的利器——「谷歌地圖」（Google Map）啦！喔，現在的所在地馬上一清二楚了！目前還在四十號公路上嗎……看樣子我們是在一個很大的城鎮內，但四周還是一成不變的漆黑。

「里夫內（Rivne）……是這樣念嗎？」

「對，就是里夫內。平時的話我們應該可以在路旁看到機場[1]。到這裡為止還算順利啦！」

再看一下谷歌地圖的顯示，咦！還有一半的路要走啊！

話說這支手機用的是當地的超便宜ＳＩＭ卡，容量二十五ＧＢ，兩張只要一百荷林夫納（四百日圓），但這樣真的夠用嗎？不管怎麼說，在旅館的時候拿它來接wifi都好好的，但一直保持連線狀態的話，應該很快就會用完了，若是到了基輔已經全部用光，那該怎麼辦？不行不行，這時候不管電池還是手機容量都得節約啊！但是，要一個昭和年代出生的攝影師去注意什麼手機容量，這也太……哎，乾脆把電源關掉，來個一了百了好了啦！

在黑暗中出現了一座特別大型的檢查哨——不，應該說是要塞吧！每當雙黃燈明滅的時候，碉堡的輪廓就會浮現眼前。不只如此，在碉堡上面，還用偽裝網巧妙做了掩飾，像這樣的碉堡還不只一座兩座，而是遍布在整個地區當中。我再次按下手機的開關，打開了谷歌地圖；上面寫著「日托米爾」（Zhytomyr）。在谷歌地圖上可以看到，這是通往基輔的四十號公路沿途的最後一座大城鎮。

一如每次盤查，我遞出了文件。因為擔心放在懷裡沒有時間拿出來，所以我一直

1　編註：位於里夫內市郊西南方，四十號公路交流道旁的里夫內國際機場。

將它們擺在雙腿膝蓋上。

但是，這裡的檢查哨和迄今為止遇到的都不同。在此之前，只要日本攝影師協會的記者證再加上護照，就已經十分足夠，但在這裡……，「你有烏軍發行的官方文件嗎？」對方這樣問我。伊戈爾將那位臉被福特貨車影子遮住、在一片漆黑中看不清楚身影，但應該是正規軍高官的聲音，平淡而冷靜地翻譯給我聽。

啊！我內心不禁焦急了起來。關於烏軍或政府認證文件（也就是獲得採訪許可的記者證）的傳聞，在駐利沃夫的外國媒體間，也屢屢成為討論話題。聽說沒有這份證件的人，在進入基輔之前就會被趕回去，甚至還有可能被冠上間諜的嫌疑。可是，誰也沒有看過這份證件的真實樣貌，因此完全不知道它的實際狀態為何。如果是要向烏克蘭內政部提出申請，那不管提交或是領取都要到基輔才行，不是隨隨便便在哪裡都能申請到的……大家這樣談論著。關於這份認證文件的重要性，之後會讓我以討厭到不行的程度清楚體會得到。

事情發展不會這麼簡單

「不，我沒有帶。」

我只能這樣回答。到目前為止，實在是幸運過了頭。但，事情的發展絕不會這麼簡單，特別現在又是戰時狀態……

「好，你們走吧！」

「咦？這樣就行了嗎？」

福特貨車開了一百公尺後，再次停了下來。可以看到跟剛才不同的迷彩服樣式，但，這是怎麼一回事？管轄範圍不同嗎？比起這點，剛才那位像是高級軍官的老兄，真的就這樣善罷干休了嗎？

「那不拉瓦、利瓦？（往左，還是往右？）」

烏語的左右，跟俄語好像是一樣的，這次是路斯蘭很認真地在問路。

日托米爾雖然是個看起來很大的城鎮，但路面並不那麼寬廣，柏油也鋪得零零星星，不過還不到大洞小洞、坑坑疤疤的地步就是了。在道路兩側，民家、商店、附有餐廳的旅館，就像普通城鎮的一般建築物一樣並排林立著，但全都是一片漆黑。完全感覺不出有人煙——除了檢查哨以外。

這座檢查哨位在一個毫不誇張的巨大交叉點上。若說到鬼鎮，我在波士尼亞（Bosnia）和戈蘭高地（Golan Heights）也見識過。那些地方的鬼鎮都掩埋在瓦礫堆之下，但這裡倒是還沒看到遭受轟炸或砲擊的痕跡。

又是檢查哨，這次是往左走，然後沿路繼續向左……要是這樣的話，不就又回到原點了嗎！簡直就像是蒙住眼睛，走在迷宮裡面一樣……一想到「迷宮」這個字眼，我的背部就忍不住一陣冷戰。

毫無疑問，一定有埋設地雷——

恐怕像日托米爾這樣規模的城鎮，都已經決定好全鎮鎮民的避難地點了吧！不，或許全體鎮民都已經避難完畢了也說不定。只留下軍人和民兵，一旦俄軍攻進來，就在表面上輕易將城鎮讓給他們，實際上卻把意圖移動、破壞路障的敵人，引誘到埋設有地雷的道路上。

路斯蘭倒是出乎意料地悠悠哉哉，畢竟這麼暗，也看不見裸露在外的地雷。這段路有夠長的……我們還沒有離開城鎮。就算用谷歌地圖，也只會看到我們在同樣的地方不停打轉吧！

花了一個小時，我們終於脫離了日托米爾。當我正這樣想的時候，馬上又來到了下一個村鎮的檢查哨。這次的檢查者可以看到是穿著便服。伊戈爾和他稍微談了一下後，開口說：

「我們在這裡稍微停一下，等到早上五點半。」

槍口一直對著我們

時鐘的日期不但已經過了一天，而且正指向四點鐘。出發已經過了十個小時嗎？至於停留的理由，不用回答也知道。遠遠就可以聽到「咻咻咻」的連續爆炸聲，我習慣以砲聲代替搖籃曲，已經不知道是多少年前的事了，實在讓人輾轉難眠。

伊戈爾從塞在座位間的背囊中取出一條薄薄的毛毯，把自己的頭整個蒙起來，路斯蘭則是把頭靠在方向盤上，很快便鼾聲大作。眼睛習慣黑暗後，可以看見在福特貨車旁邊停了兩輛大型車，它們是從何時開始停在這裡的呢？

關掉引擎的福特貨車內，很快開始變得寒冷。晚上十點前是零下八度，那現在一天當中最寒冷的時間帶，豈不是……唉，還是不要想了吧！在平常就已經夠狹窄的車廂內，把兩旁的大叔當成暖爐的代替品來取暖，在短短的九十分鐘內，我也做了一場有關日本國內的和平與寧靜夜晚的夢。

五點三十五分。伊戈爾悉悉簌簌地爬了起來，外面的天色已經微微發白。

福特貨車離開日托米爾後，暫時又沿著四十號公路前進。因為我們是不斷往東朝基輔推進，所以太陽是從我們的正面開始升起。今天似乎也是個好天氣。那朵雲叫做什麼名稱呢？從低矮細密的雲朵間，橙色的太陽探出頭來，照著我們三個人的臉。在東京的時候，我每天都過著不健康的生活。看到這道照耀烏克蘭大地的朝陽，讓我讚賞不已，忍不住想拿出照相機對準正面，卻被周圍的兩人給制止了。

又是檢查哨。

這次的不是城鎮，而是村落。在篝火的周圍，聚集了一群與其說穿便服，不如說怎麼看都像農夫的大叔。比起槍，這些大叔手裡更適合拿著鋤頭，他們看起來就像從

突然從波雅卡市方向，開始湧現遭到轟炸、令人深感不快的黑煙。

米勒的油畫裡走出來一般，是典型的烏克蘭農夫。槍也是水平二連裝的散彈槍，應該是拿來打兔子或野鴨的獵槍吧！然而，他們的槍口卻一直指向我們。從某種意義上來說，俄軍遠遠更加可怕。儘管如此，為了守護村莊，他們卻還是鞭策著一身老骨頭，每天徹夜不眠、輪番守衛。甚至連這種年邁的老者，也要和俄軍較量一下……

福特貨車在科契列夫（Kocheriv）鎮離開了四十號公路，轉入一〇二八號道路（T1208），道路寬度漸漸變得狹窄。若繼續沿著四十號公路前進，就是伊爾平。

現在俄軍正包圍伊爾平，砲彈不停落在當地市民的頭上。兩天後（三月十三日），一名《紐約時報》的記者在當地遭到射殺。我們避開這座城鎮，開始南下。因為道路變窄，所以聚落也跟著變小，但檢查哨並沒有因為這種理由而消失，還是不斷地出現。

早上七點。福特車貨變更路線往東南方，繞了一個大圈子。朝陽升起的大地上，忽然開始冒出黑煙。

「是波雅卡（Boiarka）啊！」

在基輔西南部、我們剛剛從旁通過的波雅卡，開始升起了滾滾黑煙。從規模來看，應該是遭到了轟炸。接著又是一發，在距離第一發炸彈落地處不遠的地點中了第二發炸彈，黑煙再度開始升起。整個事情的發生，就在我剛剛瞇著眼睛，眺望伴隨著朝陽的細密雲朵不久。這次是低矮、粗大、拖得長長、讓人感到不快的黑煙，立刻掩蓋了朝陽。簡直就像日蝕一般，一瞬間整個大地暗了下來。

「稍微在這個開闊地停一下，我要用遠鏡頭攝影。」

「不行，我們不想成為目標。」

「……」

也對，畢竟我正在採訪的對象，是往基輔運送醫療物資的志工。

趁速度降低的瞬間進行鎖定

早上八點剛過。就像從狹窄的農道和東京環狀七號線匯流一般，我們一躍來到了一條相當寬闊的道路上。到這裡為止的道路都只算是小路，到這裡為止的速度，也只算是一般速度而已。從單側三線道的規模來看，這裡怎麼看都是首都基輔。按下手機開關，打開谷歌地圖，在稍微往南的盡頭處，基輔市區已經出現在眼前了。

明明是廣闊的道路，交通量卻意外地少。儘管如此，周遭的車子還是飛也似地超過了我們。福特貨車慢吞吞地一路北上；接著，讓人毫不意外地，出現了檢查哨。三線道縮成一線道，在它的前後，粗大的水泥路障像是要讓車子之字形穿越似地擺放著。不用說，這是要讓敵方戰車或車輛在這裡降低速度，然後趁機鎖定攻擊吧！

不管怎麼說，烏克蘭以美軍為首，從瑞典、荷蘭、波羅的海三國等獲得了數千枚具有追蹤功能的「標槍」飛彈（Javelin），與「卡爾．古斯塔夫」無後座力砲（Carl Gustaf）等西方最新式的反戰車武器。

俄羅斯戰車如果意圖侵入首都的話，在這三線道上擺放的路障慢吞吞移動時，保證會一輛接一輛成為標槍飛彈的亡魂吧！福特貨車從俄軍逼近的聶伯河（Dniepr0東岸先渡過河去，再次鑽進郊外的道路，然後在某間小學前停下來：

「這裡是第一個目的地。」

對開的後車廂門一打開，我那個被塞在最後面的行李箱馬上滾了下來。接著醫藥品、治療骨折用的輔具等也陸陸續續被搬了下來。從體育館裡，看起來像是在避難的居民陸陸續續出現，幫忙搬運貨物，大家都很不可思議地沉默不語。

這裡是聶伯河東岸。大家沉默的原因，大概是每晚遭到俄軍砲擊，過著心驚膽戰的日子吧！連這樣的我也覺得，能運醫藥品的話，應該多運一點給他們。在搬完四箱貨物之後，伊戈爾說了句：「就這樣了。」

伊戈爾和一位應該是地方領袖的青年輕輕握手後，跳上了福特貨車。

「好，快走吧！往下一個目標！」

腳邊響起低沉的爆炸聲！好近！

在郊外又鑽了一個小時的路後，這次到達了一家醫院。

「這裡是距離北方前線最近的醫院。」

這裡也有軍隊警戒，所以我們不能走外來患者進去的大門口，而必須從救護車運送患者的急診室入口把貨物運進去。啊，這個貨物我也知道，是點滴管哪！這裡也有剛才看到、充作骨折夾板的輔具。這個是義肢嗎？

不管怎樣，在後座也塞了滿滿的醫療品。從院內走出了三位穿著白衣、應該是來幫忙的護理師，他們和伊戈爾做了一個深深的擁抱。

「這是我的朋友與同事。那麼，日本的攝影師，搬運行李的事也拜託你幫忙了。」

「哪裡哪裡，請多指教……」

就在這時，在我們腳邊響起了低沉的爆炸聲！

（好近！應該是五公里以內吧！）

在縮了縮脖子的我面前，伊戈爾繼續解說著半透明的最新式骨折輔具，簡直就像是對這連續的爆炸聲充耳未聞似的。

「你是來對我們和那群侵略者的戰爭進行採訪的對吧？我是外科醫生，昨天的砲擊超激烈哪！」

這位伊戈爾的同事、自稱外科醫生的先生，不等我開口便把手機的畫面遞了過來；上面是手腳被切斷的年輕士兵照片。

「怎樣？別看我一副卡車司機、或是宅配大哥的樣子，我這德行，可也是現役的外科醫生哪！現在則是四處奔走，向企業和團體募集資材的志工喔！」

福特貨車在依然持續的爆炸聲中，再次開始前進。接著我們通過了在侵略第三天，遭到飛彈攻擊的電視塔下，進入了某個倉庫群。

在哪裡等著我們的，是扶輪社的男性志工；我們把義肢等貨物，再次搬了下來。

從利沃夫出發後第二十小時

在這之後，福特貨車繞行郊外，渡過聶伯河西側，來到聳立在基輔的「祖國之母」

與看到醫療品無事抵達，心頭一塊大石落地的當地志工合影。總之，暫且是鬆了一口氣吧！

「還活著啊？」看到舊識的醫生平安無事，彼此深感喜悅的伊戈爾。

雕像（Motherland Monument）腳邊。在那裡有一間或許是唯一還在營業的加油站，前面排滿了加油的長龍。

「我沒什麼錢了。」伊戈爾說，「就只有這樣而已啦！」說完便付了油錢。在加油站店內，有一位也是伊戈爾認識的志工女性，正在招呼客人享用甜甜圈與小餅乾。

明知俄軍現在正一步步縮緊對首都的包圍，這位年輕的女性卻留在城中，設法和大家一起為國盡力，持續擔任義工。俄羅斯這次可是碰到了前所未見的強敵哪！

福特貨車抵達位在總統府附近、首都中心地帶的飯店時，已經是下午三點，正好是飯店開始登記住房的時間。

當夜幕開始低垂時，我從利沃夫出發已經過了二十小時。這間飯店是我剛好路過，發現還有空房，於是就決定住下來的。

伊戈爾他們之後把輕傷者和難民載進鋪好墊子的後車廂，就又立刻回去利沃夫了。

當他們平安無事抵達利沃夫的消息傳到基輔這裡，已經是又二十小時之後的事了。

第四章 踏上基輔的土地

三月十二日，在下宮嶋終於踏上了基輔的土地。

鑽過烏軍控制的地域，歷經漫長黑暗、將近二十小時的路程，最後抵達的首都基輔，已經化為名符其實的要塞都市。俄軍經由北方和東方逐步收緊包圍圈，我也聽說從南方黑海沿岸與二〇一四年起納入佔領下的克里米亞，以及剛從黑海登陸的部隊，也正一波波地逼近首都。

我還聽說，住在首都的婦孺正陸陸續續從家裡被趕出市區，擠著火車和巴士逃離這塊土地。

儘管如此，現在還留在首都的烏克蘭人，不分軍民男女老幼，應該全都做好了覺悟。為了將他們的奮戰過程記錄下來，在下宮嶋才來到基輔的。儘管已經年過六十，但我不想做個僅憑一張嘴的人。無論如何，我都想親眼目睹「正義得勝」、「邪惡滅亡」的景象。

現在正是民主主義的危機啊！現在可不是拿著「憲法九條」的精神，去說服俄軍的時機啊！

怎麼啦？勉勉強強自稱新聞工作者的人們，大學的教授們、了不起的評論家們，為什麼不來烏克蘭，看看這裡的現實呢！只會一直在哪裡放言說：「不管怎樣，烏克蘭都輸定了」、「烏克蘭還是早點投降吧」！

像這種膽小如鼠之輩，在烏克蘭連一個也沒有。

細雪紛飛的零下之城

在平和的日本，已經是春天降臨、等待櫻樹開花的時節，但在基輔這裡，還是細雪紛飛的氣溫零下之城。不知該說幸還是不幸，蘇聯時代留下的遺產——比有樂町站深埋十倍（不騙人）的地下鐵車站，可以代替防空洞之用。這實在是太諷刺了。蘇聯時代建造、號稱當作防空洞時，可以擋得住核武攻擊的基輔市內地下鐵，現在居然成了面對俄羅斯攻擊時，市民的避難所。

我的落腳地在總統府附近，因此放眼望去，到處都布滿了路障和檢查哨。

現在總算平安到達了基輔，應該可以稍微安心一下了……儘管如此，在周圍都布滿了身強力壯的烏軍。算了，管他的！這樣一來，也不就會成為侵略者的空襲目標？……不，沒關係，不管是飯店的地下，還是附近的地鐵車站，都備有防空洞。

在戰時狀態下持續奔走、拖著疲憊不堪的身體抵達首都基輔。從現在起，才正是攝影師工作的開始。

我一到飯店大廳，就看到穿著醒目、背著防彈背心、抱著鋼盔（防彈安全帽）的同業群聚在一起。不只如此，還有大批穿著迷彩服與黑色連身戰鬥服、身上帶滿只在圖鑑上看過最新式武器與彈藥的軍人、民兵和武警。

總之，姑且先把行李卸下來，然後想好好睡個覺。最重要的是平安抵達基輔，這讓我欣喜不已。可是，這才是試煉的開始——每一次、每一次都是這樣。

櫃台沒有任何人，按了叫人鈴後，一位身穿牛仔褲的女性走了出來。她說自己叫做愛麗娜，告訴我：「我們還有空房」。單人房是兩千五百荷林夫納（約一萬日圓），附早餐。房間在六樓靠裡面的走道旁，有電、自來水和熱水，Wifi 免費。我火速打開了在路上一路幫助我的谷歌地圖。

喔，總統府就在旁邊呢！雖然房間靠近裡面走道讓我有點在意，但現在也不是考慮這點的時候，畢竟如果俄軍戰車出現在這邊，那烏克蘭也就宣告完蛋了。哎，在巴格達的巴勒斯坦飯店（Palestine Plaza Hotel）[1]也是這樣的吧……？

就在得知伊戈爾他們平安無事抵達利沃夫的那天，我若無其事地下到一樓，結果突然被一群傭兵打扮的人團團圍住。當然，他們全體都配備了最新式的ＡＫ－47步槍，武裝齊全。

「咦？你是住宿的客人嗎？」

他們用一臉不屑表情看著的地方，是從早上開始就熙熙攘攘的大廳。在那裡，擠滿了我的同業。儘管是在室內，大家還是都穿著防彈背心。哎，不管何時何地，只要遇到，馬上就可以辨認得出同業的氣息哪！

在名為電梯大廳、卻只有三座電梯可以動的電梯門前，擺著一張桌子，上面放著「登記」、「媒體中心」的牌子；在它的旁邊，有一位年輕的女性正端坐待命。

「今天有什麼活動嗎？」

「你也是記者嗎？記者會兩點開始，在這裡二樓的會議室舉行。啊，稍微有點遲

1 編註：一九九一年的波灣戰爭，以及二〇〇三年的伊拉克戰爭期間，外國媒體進駐的飯店。

了呢！」

接著，她將一份像是申請書、上面寫著注意事項的影印文件遞給了我。

「你已經拿到認證文件了嗎？沒有的話是不能出席的，只能用視訊收看喔！」

難道是ＳＡＳ？

咦！這裡也要？又是認證文件！總之先填一填這份申請書，就算記者會稍微遲到一點也……等等，還是暫且先回房間填表比較好，如果硬要進入電梯大廳的話，會被剛才的傭兵軍團制止——

「我是住宿的客人！」我給他們看了看房卡。

「不行。」

什麼嘛，竟然每個都說英文！這群人跟只有筋肉發達的俄軍明顯不同……而且他們穿的都不是軍服，身上也沒有所屬部隊的標誌，看起來像是典型的ＰＭＣ（Private Military Company，民間傭兵公司）人員。這副相貌還操英語，應該不是烏軍，而是貨真價實的傭兵？難不成是保護澤倫斯基總統、傳說中的SAS（英國空降特勤隊）？既然如此，那今天的記者會是什麼人要來？

總之先準備文件吧！跟特種部隊爭論，再怎樣也贏不了的。

我往下走去避難所（防空洞），沿著安全梯一路衝上六樓。真的是年過六十，體力不繼。中途我停下來喘氣了兩次，才回到房間裡。

先把採訪指南從頭好好讀上一遍……採訪要項就是埋著黃金的地圖。儘管有東洋西洋、有事或平時的差異，但大致都是相同的。

總之，這應該就是認證文件的申請綱領與個別採訪的申請書吧！總之，要仔細檢閱才行……話雖如此，但記者會已經要開始了！雖然還沒有取得許可，但也只能硬著頭皮上了吧！

只有我一個日本人

這次我搭著電梯，下到開記者會的二樓。這裡沒看到那群可怕的傭兵軍團身影，從深處可以聽見擴音器中流出的聲音。我沿著走廊上張貼的「記者會場」指標，很快就抵達了會場。那是設在一間跟高中學校大教室差不多的會議室中。似乎是因為記者會已經開始之故，當我走進去的時候，並沒有任何人開口詢問，也沒有人阻止。

雖然已經司空見慣，但參加烏克蘭的記者會，對我來說還是頭一遭。不過就形式而言，不管哪個國家都是一樣的。

背景是以烏克蘭色的黃與藍為基調，描繪有烏克蘭國旗的橫向布幕。在講壇的最前方，靜態攝影師（still photographer）已經在地上布好了陣勢，在他們後面，並排著記者用的椅子。後面更高一層的位置，是電視攝影機用的台子，至於最後面，則是一間像主播室的房間。

室內擠滿了將近百名的同業與相關人士，整個會議室幾乎要爆滿，但日本人只有我一個。和日本的記者會會場不同，在房間的周圍，武裝齊全的大哥們，用銳利的目光瞪視著我們，而且不管是靜態攝影還是影像拍攝，都不許點亮閃光燈。如果還不清楚理由，那我也不用來戰地了。

這裡是敵人迫在眼前、正在步步包圍城鎮的首都正中央。閃光燈的閃光和此起彼落的聚光燈光線要是從窗戶漏出去，搞不好會被誤認成開砲的火焰，結果遭到攻擊。

在講台上有五位身穿迷彩服的軍人並排而坐，其中一位似乎正在說明些什麼，感覺起來應該是烏軍在做戰況報告吧！

五人當中，現在正在講話的最左邊軍人，他的迷彩服左袖上繡了一個徽章——

「這、這，這還真是不得了的記者會啊！」

那是一個藍白紅色橫條紋的雙頭鷹徽章。是俄軍的……俘虜。

我慌慌張張組起了照相機。每個軍人面前都擺著一塊白板，上面用英語和俄語，寫著他們的全名和年齡。這些軍人的年齡都是十九到二十一歲，臉上都還稚氣未脫。

他們用俄羅斯語，首先單方面地做些什麼陳述。從他們背後，可以聽到微弱的英語聲。在這個房間背後設置，看樣子不是主持人，而是同步口譯的譯者房間。

帶著全罩式耳機、光頭的小哥口沫橫飛地不停說著，在他前面的工程師忙碌地不停奔走；這應該是向全世界放送的記者會吧！

不只如此，放眼望去的記者，也都帶著耳塞式耳機。我雖然想借一副，但是能擠進這個會場，已經算是很幸運了。

雖然對於他說什麼，我無法正確得知，不過在大家都俯首傾聽、哀求般的細微聲音中，我好像聽到了「總統」、「普丁」、「普羅哈（壞）」。

正確的翻譯只能等之後的新聞稿，但看起來應該是一直在訴說普丁的邪惡吧！

裡面也有不時落淚、甚至感覺有點嘔氣的人，但是看起來都不像是硬被要求道歉，或是喝了藥、被誘導之下做出這些行為的。他們的半統靴還留著污漬、迷彩服也皺皺的、一副沒熨過的樣子，不過有稍微洗過，所以還算整齊。這就是一開始要看烏軍戰況報告的理由了。

在這五個人眼前，擺著玻璃杯和沒開封的寶特瓶裝水；他們大概是因為緊張、喉嚨乾渴的緣故，毫不客氣地將水一飲而盡。透過遠鏡頭，可以確認到他們的額頭和臉上都有新傷，不過比起拷問，就程度來看更像是戰鬥中的擦傷。當然鬍子也是至少昨天晚上有刮過，頭髮也是短得很整齊。

上）俄軍俘虜。左臂上的徽章，是藍白紅橫條紋的雙頭鷹徽章。

左）前所未見、向全世界放送的戰時俘虜公開記者會。

「普丁也會說，你們根本不該活下來！」

在五個人全都做完足稱懺悔的開場白之後，進入問答的時間。在這裡，可以清楚窺見烏方的自信。被主持的金髮女性最初點到的「義大利記者」，用英語提出質問，五個人很自然地將即時口譯的耳機拿起，塞進耳中。

CNN和BBC等歐美大電視台，據說今天在烏軍的護送下去了伊爾平，所以不在這個現場，不過法、義、葡等拉丁系的許多媒體、其他歐洲媒體，以及唯一的日本人，還有當地烏克蘭媒體則都在這裡。

問答時間結束後，主持人告知記者會結束，攝影師們也陸陸續續站起身來。就在這時，一位頭頂光禿、穿著OD色（橄欖綠）T恤的老爺爺，不知從哪裡闖了進來。只見老爺爺俯瞰著還坐在位子上的五個人，用俄語大罵說：

「你們這些殺人兇手！」

「我沒有說錯啊！就算活著回俄羅斯，普丁也會說：『你們根本不該活下來』啊！」

可以聽到這樣的對話。啊，這位老爺爺，就是在同步口譯室裡講得口沫橫飛的傢伙吧！他大概是幫他們五個人進行同步口譯，結果愈聽愈火大了吧！這位口譯爺爺甚至要把五人當中坐在正中間的那個俘虜一把揪起來，主持小姐費了一番工夫，才勉勉強強將他制住。

後來，這場記者會被國際人權團體非難成「強逼俄軍俘虜演出，違反了有關戰時俘虜待遇的《日內瓦公約》」。我不知道這個人權團體是受到哪國資助的，不過盲目崇尚和平的蠢蛋，不管哪個國家都有。雖然剛才已經講過，不過我還是要說，我完全沒看到俄軍俘虜有被硬要求道歉、或是飲用藥物、受到誘導的跡象。與其說是「受到強逼演出」，不如說他們是自發性訴說「普丁的邪惡」。說到底，應該非難的是鄰國單方面的侵略、殺戮非戰鬥員。我是不知道《日內瓦公約》寫什麼啦，但明顯犯下人道主義罪行的是俄羅斯吧！

在這之後，五人離開了會場。我稍微平靜心情，往記者席回頭一看，結果不由得為之啞然。儘管是在室內，但記者團的每個人都穿著防彈背心。而且不知是自主的、還是刻意安排的、總之每個記者看起來都是步履蹣跚的老年人，照相機也都是小小的一台，感覺起來最年輕的，反而是在下宮嶋。在設備上，帶兩台照相機的我，看起來也是最誇張的。

不只如此，大家都留著有點骯髒、雜亂生長的鬍鬚……這點我也差不多啦？這讓五個俘虜看起來，毫無疑問顯得更加整齊乾淨。基輔現在已經變成何時死掉都不足惜、歐洲媒體的「姥捨山」[2]了——呃，其實我自己也是啦？

這是提供給我的葬身之地嗎……？

記者會結束了，只剩在下宮嶋一人，驀然回首。

終於掌握住通往最前線的採訪管道

自俄軍侵略烏克蘭，已經過了將近一個月的時間。這或許會是第三次世界大戰爆發的契機——不，有可能是人類、乃至於地球滅亡的最後之戰也說不定。所以我才奮

2 編註：以棄老傳說為題材的日本民間故事。

基輔市地鐵站入口處堆積的沙包，上面畫著「該死的俄羅斯軍艦」。

在這裡有一位俄裔獨立新聞工作者不幸身亡。小小的女用安全帽滾落在地，附近供奉著花束。

起勇氣，來到這個地方。

但是，沒錢、沒人脈、沒交通工具，不要說協助者和政經靠山了，連個翻譯也沒有。不只如此，因為我能說俄語，恐怕還會被當成間諜對待。唯一的強處就只有，日本人過去曾經和烏克蘭共通的敵人作戰且獲勝，現在也被同樣的敵人奪走領土，因此在這種共通體驗下，多少會得到些同情而已。只是，在之後人家總是會問我說，「那你們什麼時候要奪回庫里爾？」實在很受不了……

在這種孤軍奮戰的狀況下，在下宮嶋終於掌握了前往最前線伊爾平取材的路徑。

那是一支愛沙尼亞國碼開頭的電話號碼，不只如此，還有兩個人居中牽線。接著，他們把基輔市的居所與暗號傳給了我。

不讓這個千載難逢的好機會溜走，我滑動手機按鍵，繼續保持聯繫。

他們的住所在首都正中央、距離飯店大約十五分鐘的政府機構大街。

伊爾平市長的記者會告一段落後，我前往那個場所。那是一棟上面掛著藍黃色的烏克蘭國旗色與盾徽、象徵政府機構旗幟的大樓，彷彿作為它是政府機構的證明般，在大樓的窗口堆積著沙包。

約定的時間過了五分鐘，正當我在大樓前不得其門而入，急得團團轉的時候，從路上走過來三個看起來像是當地人的年輕人，突然伸出手要跟我握手：

「我是迪尼斯」、「史蒂芬」、「伊凡」。

「我是謝爾蓋介紹的日本人。」

我告訴他們接頭的暗語。他們聽了之後說：「總之先進去吧！」接著便帶我進入大樓之中。

一樓室內也堆積著沙包，在通往二樓的轉角處還是堆著沙包。在沙包後面，有兩位看起來像是武裝民兵、裝備齊全的中年男子守衛。我們迅速登上二樓，在那裡有一間像是辦公室的房間。

雖然我之前想像說，既然是通往最前線的管道，那應該是ＰＭＣ或是傭兵的辦公室，但這個房間出乎意料地看起來十分平凡無奇。不，與其說是軍事機構，不如說是間讓人想起處處擺著照相機與電腦的工作室或編輯室，看起來就跟我等工作環境沒啥差別的辦公室。

在這之後，他們自我介紹，我才終於有所理解。原來這是間當地影像新聞工作者的辦公室，迪尼斯是製作人兼導演、史蒂芬是攝影師、伊凡是工程師。伊凡的右腳有點跛，據他說是因為最近一次的戰鬥採訪中，遭到近身爆炸的破片傷害所致。他們很擅長使用無人機攝影，因為是以志工身分接烏克蘭政府的案子，所以才在首都中心的大樓裡設有辦公室。

至於他們是基於怎樣的好處，要認識我這個隻身赴任的日本攝影師，還出面跟我接頭？不外乎我是個來自遙遠東洋島國的老攝影師，卻是要探索通往伊爾平的管道。所以他們想貼身報導，看看我會如何對這場攸關烏克蘭存亡的戰爭進行採訪。唉，雖然我怎樣都不覺得烏克蘭人會對這樣的節目感興趣，但若是能去伊爾平採訪，那就和他們攜手合作吧！反正在日本也不會有人看到這個節目。

於是，交涉很快就成立了。

開始撤退的俄軍

雖然首都被敵人包圍，不過電力、自來水、瓦斯、通信等基礎設施還能勉強維持的三百五十萬人大都市基輔，現在還有兩百萬人。留在首都的，都是讓家人逃往安全的西部與國外、自己無牽無掛、戰意堅決的國民。一部分的人作為軍人拿起了槍，另一部分的女性則在基地內擔任事務性工作與雜役，負責後方的戰鬥。就這樣，他們頂著每天落在頭上的飛彈與砲彈，忍受敵人執拗的攻擊，持續奮戰了一個月。

接著，俄羅斯終於開始察覺到這點了。不管派遣多大規模的軍隊進行威壓、不管如雨般的砲彈怎樣落下，烏克蘭人都完全不膽怯。於是俄軍開始慢慢地後退，從首都圈周圍開始撤退了。

三月二十八日，首都攻防戰的最前線伊爾平市被奪回。緊接著在基輔市內召開的記者會上，伊爾平市長在我們的鏡頭前，高聲宣布「伊爾平已經光復」。但是在最後，市長也沒忘記補上這樣一句：

「不過當地距離安全還很遙遠，要帶各位記者過去，大概得等到下個月了。」

我可不想等到那個時候，畢竟在東洋的島國，自稱專家的著名新聞工作者和律師之流，正在那裡無視烏克蘭人民的「民意」，大肆發表「該投降了」的怯懦言論呢！

向如今仍在滿開的櫻花下，貪圖和平酣眠的日本人，將烏克蘭民眾如何扳回壓倒不利的逆境、死守首都、趕走敵人的事情記錄下來並加以傳達，不正是現在身處基輔、身為報導者的責任嗎！

可是、可是、你可以置信嗎？

現在在基輔，連一個日本的報社記者或是大電視台的從業人員都沒有。對於這場侵略戰爭中，全球性規模的反人道犯罪行為，報紙和電視台似乎全無興趣……

想要親眼目睹這場大量殺戮、追求真相的報社或電視台記者，連一個人都沒有。如果有對這種報社和電視台感到失望、敢於大膽辭掉工作的自由記者前來就好了，可是……

另一方面，烏克蘭這邊氣魄十足的年輕新聞工作者，和日本的記者就完全不同了。伊凡在俄羅斯開始侵略時的戰鬥中右腳受了傷，其他成員也全都有實戰經驗。

雖說是實戰，不過他們其實是在自稱戰場攝影師的虛擬戰場上進行奮戰。自二〇一四年克里米亞紛爭以來，烏克蘭就頻遭戰禍。他們參與協助的無人機空拍攝影，為烏克蘭的勝利做出了貢獻。這樣的自信，清楚寫在他們的表情上。

接著，把話題拉回來，我有點膽怯地開口說：

「事實上我沒有帶防彈背心、也沒有頭盔……」

就是這麼一回事。防彈背心和頭盔，說到底只是求個安心。該死的時候就會死，該活命的時候就會活下來。在敘利亞事件中陣亡的山本美香小姐雖然有穿防彈背心，子彈卻從背心的縫隙間擊中脖子，當場死亡。「長久手劫持人質事件」中，SAT特種部隊的隊員[3]也是在背心的縫隙間，被點三五七麥格農子彈（.357 Magnum）擊中，才二十來歲就不幸身亡。但是，要去這種戰地進行「隨軍」採訪，這些都是必要的裝備。沒有穿上這些裝備，就不會被許可隨行採訪。

「好不舒服！而且好重！」……幾乎快要走不動

可是，因為這次我想說跟從烏克蘭避難的難民那樣徒步撤退，所以把行李做了極度壓縮，不管防彈背心、面具還是藥品，全都一律不帶。

3 編註：二〇〇七年五月十七日至十八日，發生在日本愛知縣長久手町一戶民宅當中的槍擊事件，一名愛知縣機動部隊（類似台灣霹靂小組）的警員遭到槍擊死亡。

「你有穿防彈背心的經驗嗎？」成員們這樣問道。

「阿富汗、伊拉克、喬治亞，最後是八年前的泰國政變。」

「這裡準備的都是軍用規格。請通過袖子確認尺寸。」

確實，我在八年前的泰國有穿過防彈背心，但當時我才五十來歲，現在已經年過六十了。我用右手扛起防彈背心——好重。位於腹部、裝置防彈板的口袋也作了確認。上面貼著烏克蘭語的標籤，這種沉重和堅固，毫無疑問是等級四的陶瓷製防彈板[4]。背部雖然很厚，不過有彈性，是Spectra 纖維（防彈纖維）嗎？就算如此，還是有十五公斤吧！雖然稍微可以驅寒，但年齡果然還是問題。負責幫我貼身拍攝節目的這三人都是三十來歲，如果我有兒子的話，大概就是這個年紀吧！

「好不舒服！而且好重！」

這樣還要背兩台照相機嗎？……根本快要走不動了。

接下來是一件較薄、看起來很好看的深藍色防彈背心、防彈等級是二級，能防爆裂物破片，上面還用魔鬼氈貼著記者標誌，但要把這件披在軍用防彈背心上，這是在搞什麼？不只如此，在脖子周遭還圍上像是隻傘蜥蜴，凱夫勒（Kevlar）製的專門附加配件。確實，若是無視於運動力和體力，不管怎麼說，這都是相當令人安心的防護，但是……

「有必要這樣嗎？」

我忍不住開口問道。把這種東西裝在脖子上，就沒辦法掛照相機了。頭盔也是凱夫勒製，非常厚重，不是美軍和自衛隊用的「德國佬式頭盔[5]，而是尺碼較小的英軍型式[6]；不止在下顎底下綁了兩道帶子，在後腦杓也綁了四條繞帶。這樣一來，就絕不會被砲彈爆炸的強風給吹走，但如果被來福槍的子彈直接命中，還是跟紙做的一樣吧！可是他們好像完全不在意似地，繼續說道：

「接下來是止血帶，這個也要帶著。用過嗎？」

當然沒有。

---

4 譯註：防彈衣有六個等級，等級四是最高級的防護，可以抵擋步槍的穿甲彈。

5 編註：正式名稱是PASGT頭盔，美軍在一九八〇年代開始配發部隊，新一代的稱為ACH頭盔，兩種頭盔美國都有軍援烏克蘭。

6 編註：英國有軍援烏克蘭Mk6尼龍纖維製頭盔，很可能指的就是這種頭盔。

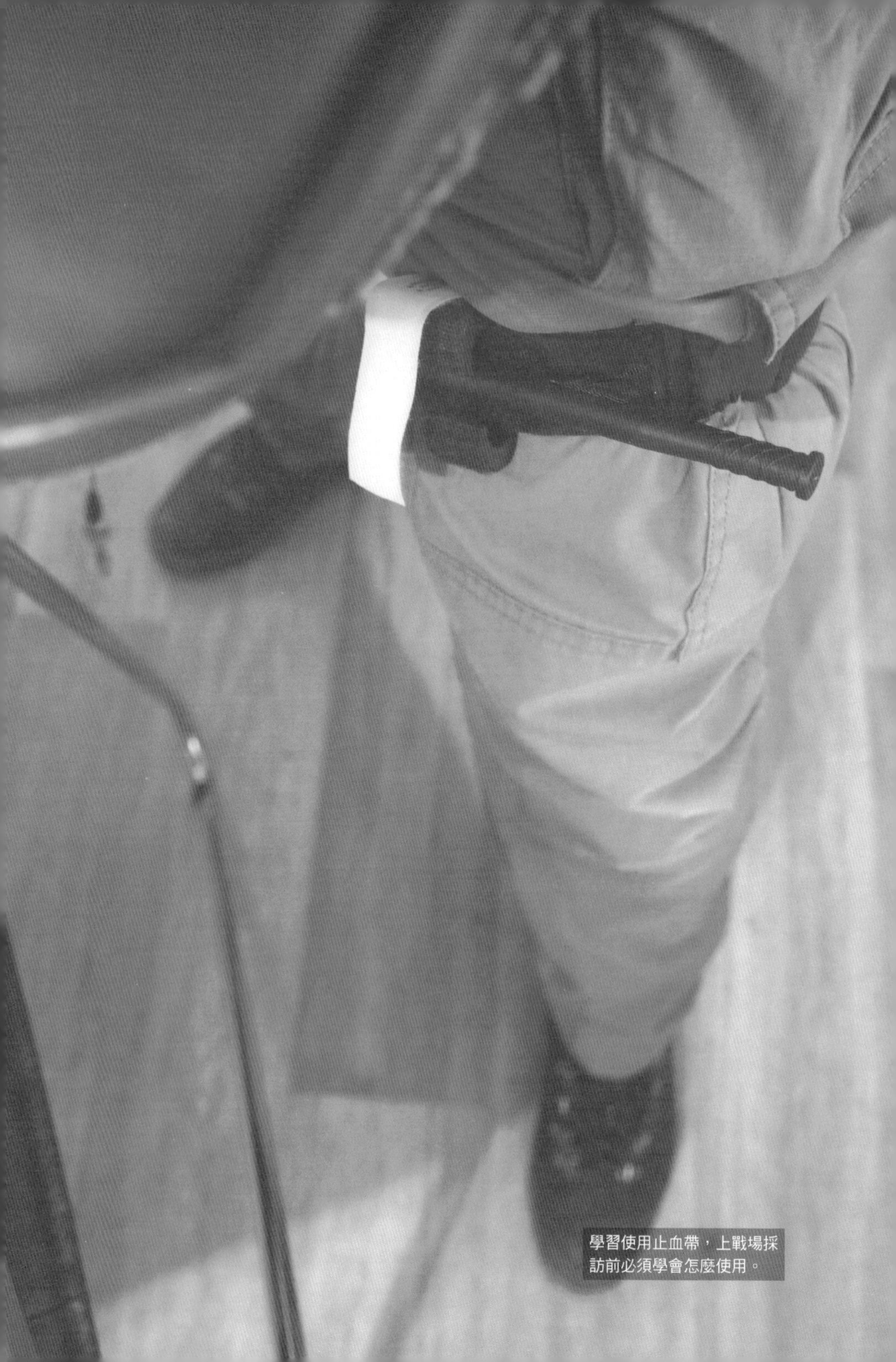

學習使用止血帶，上戰場採訪前必須學會怎麼使用。

「我現在示範給你看，等下你自己也來試試。」

迪尼斯說完，便拿起一個塑膠製、上面捲著黑色帶子的圓盤，開始在自己的大腿上繞了起來。「雖然會忍不住叫痛，不過還是要繞上六圈，這樣就不會出血死亡了。」

我趕快用它繞起自己的腿，但才繞到第三圈，大腿就已經整個變白、疼痛到不行。沒辦法啦！要繞到六圈，在出血死掉之前，就會先痛到昏倒了吧！

「不行！絕對辦不到啦！」

「研判有需要的時候，我絕對會這樣幹，所以當我遇到這種狀況的時候，即使會昏倒，也一定要幫我繞上六圈。先帶個兩捲，穿過防彈背心的帶子掛著。之後不要忘記隨身攜帶。」

「急救包？」

因為上面畫著紅十字，所以馬上就能辨認出來，但這個急救包遠比自衛隊員在演習中使用、上面裝有背帶的那種大得多，根本就是醫護兵扛在肩上的傢伙嘛！雖然我想裡面充其量也就是裝些ＯＫ繃、消炎藥、繃帶和正露丸之類的，但到底裡面裝了什麼？

「你要問藥的事情嗎？」

裡面裝了某種像是拋棄式針筒的東西。

「你打過嗎啡嗎？」

「……」

我實在不敢想像那個場景。

晚上八點剛過，我們從這天剛自伊爾平回來的辦公室同業那裡，獲得了最新的情報，於是約好第二天早上九點在這間辦公室集合。說完之後眾人便解散，我則急急忙忙趕回飯店。

距離宵禁開始的晚上九點還有三十分鐘。八點過後計程車全都回家了，因此絕對招不到車，只能走回去了。

我絕對不再踏上紛爭之地了！

我腦海裡曾經閃過好幾次念頭，想說是不是就這樣逃之夭夭算了？對於來到這裡的這件事，我開始感到後悔。現在是宵禁開始前不久，明明是在首都中心，映入眼中的卻盡是身穿軍服與迷彩服的部隊。繁華的謝甫琴科區（Shevchenkivs'kyi）的大街上，連一隻小貓也沒有。檢查哨的訊問也因為接近宵禁令時間，馬上就被放行了。

回到飯店後，我沒有直接回房間，而是走向三樓的餐廳。晚餐時間只到晚上八點半為止，不過我去的時候還沒有清場。真是太好了……但我實在沒辦法這樣想。首先是我沒有食慾，再加上這三個星期間，每天的餐點幾乎都是同樣的菜單。萵苣跟甜菜沙拉，加了美乃滋與橄欖油、雞肉內餡的烏克蘭餃子（像是水餃，但沒有水）、洋芋片有時會換成馬鈴薯泥，通心粉有時會換成像炒飯的東西，雖不常見，但炸白肉魚可以吃到飽，水和果汁也是免費喝到飽。這樣的價格是三百荷林夫納（約一千兩百日圓）。

不過在來到這裡以前，我就完全沒想到過能吃上這種溫熱的食物，畢竟基輔可是自二月底以來，就被侵略軍持續包圍的首都啊！當我從日本出發的時候，就因為擔心維他命B不足，結果像日俄戰爭中死守二〇三高地碉堡的俄軍一樣患上腳氣病，於是購入了一大堆 Popon S[7]。到了烏克蘭境內的利沃夫，我又買了一堆麵包、起司與沙拉

7 譯註：塩野義製藥生產的一種綜合維他命。

米香腸。

可是，就算回到房間，也是無事可做。我試著把在利沃夫大量購入的威士忌酒心糖拿出來，要是連吃這種東西都醉倒的話，那就無話可說了。這是由澤倫斯基總統的前任——波洛申科（Petro Poroshenko）前總統擔任老闆的知名巧克力公司——如勝集團（Roshen）生產的酒心糖。

就這樣在輾轉難眠間，時間不斷流逝。說到底，來這裡就是錯了吧！這次結束以後，我絕不再踏上紛爭之地了！今後的攝影師人生要回到故鄉明石，拍攝四季盛開的花朵，晚上就做感興趣的塑膠模型度過了啦！

第五章

往最前線的伊爾平

不行，我的體質已經變成習慣用槍砲聲代替搖籃曲、靜下來就睡不著了。即使如此，要是有酒可以喝的話……這一晚，槍聲靜默無聲。

我在若有所思的情況下，吃起了八點鐘開始的早餐。反正住宿是包含早餐的，不吃白不吃。但是，我還是沒有食欲……雖然是反覆出現的現象，但到現在為止，我的排便一直都不順暢。不管怎麼說，我從昨天的晚餐之後，到現在整整十一個小時，連一口食物都沒吃過。在東京，即使午夜過後的兩點、三點，我都可以吃上一碗填肚子的拉麵，再配最後一杯酒，就著毛豆一飲而盡。但在這裡，若從上次來到這裡的晚上九點鐘算起，到今天早上為止，我什麼都沒吃。這樣下來，肚子餓到不行；可是就算這樣，當早餐下肚的時候，我還是會覺得有點害怕——畢竟到現在為止，我都沒有排便啊！不想吃早餐的理由，則是因為要穿防彈背心的緣故。

防彈背心與早餐的關係

一旦穿上防彈背心，就要把吊掛著照相機的背帶固定在它上面，如此兩手才可以

應該很能保命、但重得要死的防彈背心，有著各式各樣的種類。

空出來自由使用，但在腰上還要圍一個裝備包。這樣一來的話，萬一想去廁所，該怎麼辦？來到這裡，雖然大家都沒說什麼，但是吃完早餐、穿上防彈背心四處走動後，若是想要新陳代謝跑廁所，應該也沒辦法吧！

走出飯店，細雨飄落在我的臉上。這實在不是個好兆頭，這樣一來，豈不是得多準備雨具了嗎？

我打開在日本絕對不會使用、飯店櫃檯小姐提供給我的叫車APP，按下按鈕後過了十分鐘，一輛白色計程車確實出現在我眼前。我搭上車，往昨天迪尼斯等人的辦公室前進。

不過，在這被敵人包圍的城市裡居然還能叫到計程車，也是我來到這裡以前所無法想像的事。從這裡，也可以看出這個國家的韌性吧！現在雖然還是有二十公升的數量限制，但一部分加油站仍在營業，也還能以將近定價的價格買到汽油。迪尼斯等人辦公室所在的政府大樓因為時間還早，所以門口鎖得嚴嚴實實。雖然我想按電鈴，但不知道他們的房間號碼，而且裡面似乎也有相當多的辦公室。直到早上八點半，一輛橄欖褐（ＯＤ）色的豐田「陸地巡洋艦」（Toyota Land Cruiser）在馬路上停了下來，一隊身穿軍服的人走下車，各自打開後車門、揹起背包，走向大樓的門口。

「你太慢了，趕快準備出發吧！」

「庫塔？（你要去哪裡？）」

「我是謝爾蓋介紹來的日本人。」

「啊，是二樓的人啊！總之先給我看看證件吧！」

按了電鈴後，門鎖打開，我終於可以進去了。我馬上衝上二樓，當開鎖的金屬聲響起時，辦公室的門也同時打開，迪尼斯的臉探了出來。看樣子，他很明顯是一直睡到現在。

「你在這裡稍微坐著等一下。」說完，他便把我帶到廚房。迪尼斯他們看起來確實是因為宵禁令的緣故，只能住在辦公室裡面。不過大樓的地下室似乎有餐廳，沒多久，一位負責伙食的爺爺便送了麵包和起司上來。

「要差（茶）還是咖啡？」

明明我是故意不吃東西就過來的，但現在不吃也不行；畢竟就像俗話說的，這是「擺在眼前的膳食」嘛[1]！雖然有點丟臉，不過我在廁所方面的失敗不勝枚舉，但只有今天，可千萬別出這種糗。像韓國光州那次……哎，別提啦！愈是去想，愈是會發生討厭的事情啦！洗好臉的迪尼斯，邀我到陽台一觀；若是在日本的話，從陽台一邊俯瞰丸之內大街、一邊啜飲咖啡，大概也就是這樣的感覺……吧？

1　譯註：日本俗語說：「擺在眼前的膳食不吃是男人之恥」（据え膳食わぬは男の恥），原意是指自己送上門來的女孩子不吃白不吃，宮嶋先生這裡是諧仿之意。

「啊，雨停了！西邊的天空開始放晴了！」

這真是個好兆頭啊！

快到十點的時候，史蒂芬出現在辦公室。

「你太慢了，趕快準備出發吧！」

和三十出頭的兩人相比，我在準備的速度上明顯有差，更何況還要穿防彈背心、戴頭盔和揹急救箱。可是既然來到這裡，也只能往前了吧！反正不管最後不最後，都是要奔赴戰場的。雖然到了明天，或許會覺得昨天有夠膽怯，但從今天開始，就把安靜度日的念頭全拋在腦後吧！畢竟繼續待在基輔，我真的什麼也辦不成。

最後，把一切全託付給神

在要步出大門口之之前，伊凡叫住我：

「護身符。」

握在他掌心裡的，是烏克蘭色的黃藍相間念珠。我雖然是無神論者，但如果情況有需要，我還是會不時四處求神念佛就是了。因此，對他的禮物，我實在是銘感五內。烏克蘭人真的很深信因緣；伊凡之後每當遇到事情時，也會佩戴一些硬幣或徽章。這讓我想到戰爭電影的傑作《搶救雷恩大兵》（*Saving Private Ryan*）裡，巴瑞派柏（Barry Pepper）飾演的傑克森二等兵，每次親吻念珠之後，就會一邊念著聖經的一節、一邊進行狙擊的畫面。

我們坐的車子是史蒂芬的福斯 RV 車，將裝備堆進後車廂之後，迪尼斯立刻駕車出發。在後座上，史蒂芬迅速遞了一個小型麥克風給我：

「從上衣底下穿過去，綁在脖子上。」

他大概是想早點開錄吧！不分男女老幼、東洋西洋，同業的急躁都是一個模子印出來的。

「首先我們會前往國土防衛隊的前線總部，在那裡換車。」

代替專心開車的迪尼斯，史蒂芬在狹窄的車內，迅速扛起了攝影機問我說：

「你現在心情如何？」

雖然終於可以看見蔚藍的天空，但我的心情卻怎樣也開朗不起來。

「老實說我很害怕、非常害怕。」

「你可以用母語（日語）來表達。」史蒂芬說。

「咦？沒問題嗎？」

「之後我們會請在日本大使館工作的熟人幫忙翻譯。日語聽起來比較有異國風情嘛！」

車內的對話一時中斷了；但我還是想談點什麼，好擺脫這種莫名的恐懼。

「你一直都待在阿富汗嗎？」

「嗯，在阿富汗之前是巴格達吧？十八年前，有一個跟你們一樣的烏克蘭籍攝影記者，遭到美軍戰車擊中陣亡[2]。那時候，我正好就在他身邊。當時也很可怕，但現在更可怕，畢竟美軍遠比俄軍正派得多了，一時之間巴格達市民都爭相歡迎他們哪！」

「就保持這個調調下去……」

通過檢查哨時，史蒂芬手腳迅速地收起了攝影機。我偷看了一下谷歌地圖大神，果然我們是沿著昨天曾走過的北部幹線道路北上。在最棘手的幹線道路盤問時，負責人似乎是迪尼斯學生時代的同學，兩人交換了聲：「喲！好久不見了！」，「你還活著啊！」就輕鬆過關了。

校舍是基地

因為有盤問和路障之故，我們花了一個小時，才抵達北部的斯維亞托申地區（Sviatoshyn）[3]，接著轉進岔路，開了一陣子後，來到了住宅區的一角。

福斯車從一間像是學校建築的後門進去，谷歌地圖上，完全沒有任何顯示標記。

「這裡原本是學校，現在是國土防衛隊的基地。」

原來如此。戰爭期間，烏克蘭的學校全都停課，所以就把校舍當成臨時基地、避難所與補給站了。我在這裡並沒有責怪烏克蘭人的意思，因為這是戰爭本身的共業。教育對國家未來有多重要，無須在下宮嶋多所陳述。

即使是七十七年前的上一次大戰中，學校也一直在運作，即使從都會往鄉下疏散，

2 編註：二〇〇三年四月八日，路透社電視新聞攝影記者，塔拉士・普羅茲尤克（Taras Protsyuk）在巴格達的巴勒斯坦飯店的陽台上拍攝美軍入侵伊拉克的行動時，連同一名西班牙電視台攝影，被美軍的M1戰車主砲給擊斃，時年三十五歲。

3 編註：位於基輔市西邊。

也還是能夠上學。就算是十一年前的東日本大震災後，在避難地點也可以上學，有時候是露天上課，有時候則是以體育館代替教室，在避難民眾身旁持續進行授課。

就算這樣，被俄軍持續包圍的首都還是一直在停課中。然而，現在比起教育，國民的全體意志應該更想全力貫注在戰爭上，以求打敗俄軍吧！今天也是這樣，代替了孩子們的嬉鬧聲，穿著迷彩服與便服、全副武裝的國土防衛隊員，絡繹不絕地出入在校舍當中。

迪尼斯和史蒂芬在車外，開始抽起了菸。烏克蘭對抽菸還是很寬容，電子菸還相當稀少，史蒂芬喜歡的是手捲菸。或許是因為出入基地的人們都很緊張的關係吧，誰也沒對我們多注意一眼。早晨是雨天，此刻卻難以置信地大放天晴，但或許是接近前線的緣故，不時會響起隆隆的砲聲。

兩天前伊爾平市長發表的俄軍撤退宣言，到底算什麼東西啊！不過，唉，說到底，俄軍本來就沒有遵守條約或約定的美德嘛！七十七年前廣島原爆之後，他們就單方面撕毀「日蘇中立條約」，派大軍如潮水般湧進滿洲，導致無數日本民眾失去財產、家園和家人。為數高達五十八萬的軍人被拘留在西伯利亞，強迫服苦役，其中有一成的人——也就是五萬五千人，無法再次踏上祖國的土地。

日本投降後，他們也還是持續侵略日本的北方領土[4]，住在那裡的一萬七千名日本人，他們的家園、工作與財產也被奪走，不只是被趕出故鄉，家園還被俄羅斯換了名稱，到現在仍在非法佔據之中。這些都是違反國際條約的行為，但俄羅斯到現在不要說反省了，根本就是一副你奈我何的樣子。

在裝甲車內也要穿防彈背心

迪尼斯打了通電話，不久就來了一輛大型的賓士廂型車。這輛廂型車和我跟伊格爾他們搭來基輔的那輛福特尺寸相當，但後方沒有車窗。一位穿著牛仔褲便服、全副武裝的小哥出現在我們面前，似乎是追在賓士車後面過來的。

迪尼斯跑上前去，和他竊竊私語了兩三句，又回到這邊。看樣子，這位小哥就是

4 編註：即位於北海道東北邊的南千島群島。

今天要負責把我們帶到伊爾平的國土防衛隊人員吧！

「開始準備！」

大家從福斯的車廂裡取出自己的裝備，開始無言地背負起來。這個動作我從昨天開始，就已經拚了老命在練習。

首先是脫掉掛著照相機的背帶，披上沉甸甸的防彈背心，這遠比照相機來得更加沉重，特別是今天。將止血帶捲上軍用腰帶，確認好背後有急救包，然後再將深藍色、貼有「ＰＲＥＳＳ」標籤的薄夾克披上去。正當累得氣喘吁吁的時候，牛仔褲小哥的聲音傳了過來：

「尼！（不需要）」

「反而會變成顯眼的目標呢……」

雖然能不穿這麼重稱得上是幫了大忙，但說到底，這其實還是該以安全、或是機動性為優先的終極選擇。雖說又重又顯眼，還不保證百分之百安全，但有幫助的東西，還是多少有點用處。所以，儘管只是一個無關輕重的選擇，但因為攸關自己的生命，許多人還是寧可不便，也要把它背在身上。

「不要拍臉！」

我們沒什麼必要為了確認是否有遺忘物品，而重新檢查車廂。畢竟照相機以外的設備只有一個預備電池，接下來就只剩裝了水的保特瓶、面紙和毛巾而已。賓士的滑動車門打開了，迪尼斯、史蒂芬陸續溜進車內。

在我的視力適應之前，史蒂芬就已經開始擺弄起攝影機。

「不要拍車內前方和臉！」從駕駛座方向傳來聲音。

（好厲害……）

儘管外表看起來只是輛普通的廂型車，裡面也是從駕駛座一路貫通到底，名符其實的「廂」型車，但這是一輛裝甲車，在它的後方三面、伸手觸及的地方，全都鋪設了五公分厚度的陶瓷裝甲板。不只是車身，甚至是天花板、地板、駕駛座的隔板，也全都覆蓋了這樣的裝甲，相當厚重。看樣子，它應該是改裝了更強力的引擎吧！

這種防備雖然擋不掉ＲＰＧ－７（火箭推進榴彈），但一二．七公厘等級的重機槍子彈，應該是打不穿的吧！然而儘管防彈板相當完備，卻沒有任何椅子。坐在最裡面的

作者搭乘的「廂」型車，其實是經過加強的裝甲車。

是迪尼斯、靠近滑門的是史蒂芬，面向兩人的我，則是累得一屁股坐在地板上。儘管是坐著，防彈背心還是很沉重，頭盔也是緊緊壓著我的脖子。

賓士車立刻從學校出發。或許是因為車體沉重的緣故，路面的震動會直接傳到屁股上，感覺搖搖晃晃。當終於適應了車內的光線，我看到在駕駛座上，是位同樣穿便服的駕駛，他的背後是剛才那位穿牛仔褲的國土防衛隊員。牛仔褲小哥將AK－47步槍放在寬廣的地板上、靠近手邊的地方，擺出一副隨時可以射擊的架勢。在副駕駛座上，是位全副武裝的年輕女性。

「另外的新聞工作者嗎？」

「不，她是醫療志工。」

哎，實戰中醫護兵總是首要的狙擊目標呢！裝甲賓士沒開多久就停了下來，這裡是通往伊爾平最後的檢查哨。只要通過這裡，按照地圖顯示，在森林中再開兩公里左右，應該就可以到達伊爾平河了。

我可以聽到駕駛座上的隊員跟外面訊問士兵的對話聲：

「稍微在這裡待命一下，市內的特種部隊正在處理地雷或作戰中。到作業結束為止，大概要等兩個小時左右。」

槍聲的替代品

直到昨天為止的槍聲、砲聲，現在全都消失無蹤。太陽高掛天空，氣溫也開始上升。

儘管如此，天氣和東京的寒冬還是沒什麼差別。密閉的裝甲賓士車內，不流通的空氣帶著硝煙味。在這樣的空間裡，有著緊張屏息的五男一女。不，感到恐懼的，其實只有我一人吧？副駕駛座上的女性和擔任司機的隊員之間的對話，完全感覺不出緊張感。迪尼斯對坐在後面座席的隊員說，要他將滑門稍微打開一點。從剛才就讓人喘不過氣的車內，一下子灌進了冷風。代替了槍聲，救護車的警笛聲絡繹不絕。在距離賓士廂型車咫尺之處，檢查哨的沙包高高堆積著，在它的旁邊，可以看見扛著攝影機的同業。看樣子，他應該是在等著從伊爾平緊急後送過來的傷者吧！

可是現在身處國土防衛隊裝甲車中的我，實在不想讓同業瞧見，所以我屈起身，躲到陶瓷裝甲板的背後。這樣的躲藏似乎還需要很長一段時間。不過，等待本來就是我吃飯的本事。經過一小時後，引擎再次發動，滑門也關了起來。

裝甲賓士回到一小時前的基地。

「因為要等到中午過後，所以先暫時回來，等下再重新出發。這段期間，就先加個油、吃個午餐吧！」

與其說鬆了一口氣，不如說還要再次歷經那種焦躁與緊張的感覺嗎……？討厭、討厭；不幹了，老子今天就想直接回去，而且也不想再來了！可是，對已經拿出攝影機，開始拍攝的那兩人，我是絕對不能這樣說的。

在加油站吃午餐

我們搭著福斯車，來到基輔現在還在營業的十家加油站當中的一家。實在是不可思議，在敵人大軍從三方面攻擊過來、人口三百五十萬的首都，居然還有加油站在營業，而且汽油這種軍隊移動最需要的燃料，也可以賣給民眾。雖然有一次二十公升的限制，不過加油站可以使用信用卡。特別是在現今這種平常三百五十萬人口，已經有半數以上前往該國西部和國外避難的時候，感覺就更不可思議了。

不只如此，這裡還有宵禁令，每天還不時會有飛彈和炸彈落到頭上。即使如此，加油站還是大排長龍，就算東日本大震災後，也沒看過這樣的景象。店內的食物，也遠比東京的加油站更加充實，差不多接近於東名高速公路[5]的服務區吧——不，應該說是比

5 編註：連結東京與名古屋的高速公路。

較簡單的便利商店才對。裡面有飲料、食物、麵類（義大利麵）等，熱狗是在麵包中央挖一個洞，把一條長長的香腸塞進去，司機在開車中可以單手拿著吃，芥末也不會滴下來，是相當適合當午餐填肚子的食品。經常會弄丟的手機充電線，也可以在加油站買到。

可是對於這天熱狗的味道，我卻怎樣也想不起來。儘管我還是按照來這裡的習慣，確實拍下了照片。無論如何，我都想早點回到基地，反正都是要等，那至少也要在稍微靠近伊爾平一點的地方等待。這樣一來，只要稍微有可能前去的話，就能馬上抵達。若是午後放行，到傍晚為止，至少還能在伊爾平待上兩、三個小時吧？

最糟糕的早晨

回到基地後不久接到通知，由於作戰時間延長，這天已經不可能前往伊爾平，於是我們便返回迪尼斯的辦公室。

約好明天早上八點集合後，我便把辦公室拋在身後，一如昨天地走回飯店。不管今晚或是明天，這種焦躁不安和緊張的感覺都會一直持續下去。步伐沉重。不久後，雨又再次落了下來；該說還好沒有飛彈落下嗎……？

第二天早上，我也不待人叫醒，便一鼓作氣地爬了起來。打開窗簾，從六〇五號室往外望去。今天也是陰雨綿綿，從路面濕透的樣子看來，應該是下了一整晚的雨吧！不只如此，還籠罩了一層霧。對攝影師而言，這真是最糟糕的早晨了。

二樓的餐廳要八點鐘才開始，因此當然連杯水都還沒準備好吧！然而，因為這天又要披著防彈背心上廁所，所以我還是什麼都不想吃。不只如此，今天看狀況，還得準備雨具。明明我已經年過六十，卻還是得陷入揹著防彈背心、再加上一層雨衣的局面。如果繼續下雨的話，那今天早上也得叫計程車。只是，各位能相信嗎？在下居然也有使用叫車APP的一天；明明在東京連一次也沒用過的啊！正是在戰禍的烏克蘭，才逼出我使用這玩意的能耐吧！

大概因為今天是星期天的緣故，辦公室大樓比起昨天出入的人少了許多。為了避雨，我只好躲在沒什麼屋簷的大樓一隅，忍耐風吹雨打。

八點前，迪尼斯和史蒂芬的福斯車出現了，我們三人一起走上辦公室。

今天早上，負責供餐的爺爺也不在。

和昨天一樣，由迪尼斯駕駛的福斯車在八點鐘左右出發。史蒂芬又是很迅速地遞來麥克風，要我從衣服下方穿過去，然後立刻開始說話。不管說什麼，反正講日語也無妨。可是和昨天不同，今天一直下著雨，霧氣也瀰漫不散，感覺比昨天更加憂鬱。我已經是連續兩天抱持這種心境了。可是現在伊爾平……不，還要加上東南邊的頓內次克、馬立波以及赫爾松，每日……不，是每分每秒，身陷在遭到轟炸、砲擊，還有被俄軍屠殺的恐懼折磨的烏克蘭人民，足足有好幾十萬人。和這樣的痛苦相比，區區兩、三天的恐懼，根本就像颱風天前夜一樣寧靜吧！

可是，儘管我試著逞強，在面對史蒂芬的麥克風時，我還是吐露了真心話：

「今天比昨天更可怕。大概是因為天氣的緣故吧。」

「我很後悔來到這裡。」

「假使今天的工作能夠平安結束，我絕對不要再回到戰場了。」

最前線基地

和昨天不同，雨一直沒有停下來。我們在雨中，抵達了昨天的學校。

今天、就是今天，一定要讓這件事情告一個段落。可是，今天我們也是一直在等待。今天我們沒有待在外面，而是在這棟不知該說是基地、還是校舍的設施裡面等待。

據說，國土防衛隊的最前線基地，就是由這棟位於外表毫不顯眼的公寓之間、停課中的學校來充當。有種說法是，來到這裡、認真的攝影師，至少會有一次因為像是「咦？什麼？這裡不能拍嗎？」的狀況，把鏡頭朝向感覺沒什麼大不了的地方，被警察或軍人發現，再不然就是被民眾密告，說有替俄羅斯當間諜、從事陰謀破壞（Sabotage）的嫌疑，結果被帶到基地或警察設施裡，遭到暫時拘禁的命運。

遇到這種事情，真的會讓人火冒三丈。特別是當護照被仔細檢查時，要是被發現像我一樣，有好幾個俄羅斯簽證的話，就會被不停詢問來此的目的。然後當檢查手機照片時，要是又像我一樣，裡面放著獵鹿的照片，還有跟自衛隊戰車進行實彈射擊訓練照片的話，鐵定會引起大騷動。不只如此，當他們被帶進警察設施時，聽說頭上還得套上看不見建築物內部的黑色頭套。

但是今天我們只是把照相機放在車內，三人也沒有遮眼，就直接進到了內部。

像是大教室的室內排列著兩、三支電話，有兩位年輕的女性，似乎是負責通信的工作。不時會有身著迷彩服的一團人出現在室內跟她們打招呼，然後大概是做身分證用吧，讓她們拿起手機，不停幫忙拍攝大頭照。雖然照理說應該不能拍照，但因為室內相當隱密，所以烏克蘭人全都不在意。不管是透過電視、還是網路傳送的媒體中心每日戰報，雖然會報告這場戰爭的犧牲者、負傷者，以及擊破的敵軍戰車、船艦數量，但完全看不到有關新冠肺炎感染人數的報告。

更甚於新冠肺炎災難的戰禍

想想也是理所當然，畢竟比起新冠肺炎，俄軍對烏克蘭來說，更是壓倒性的威脅。但更理所當然的是，進行侵略的俄軍都沒有打新冠肺炎疫苗；就算打了，也是連普丁自己打起來都會猶豫的「衛星五號」（Sputnik V）這種亂七八糟的疫苗吧！被侵略就是這麼一回事，畢竟侵略方已經虎視眈眈許久了。

只是在這個時間點，戰爭業已朝著對具備防衛祖國大義的烏克蘭有利的方向發展。相對於過度藐視對手、輕忽大意的俄羅斯，烏克蘭定下了從十八歲到六十歲的男性，全都留在國內與侵略者作戰的「國家總動員法」。不適用於此法的女性，明明可以早早到國外避難，卻也有很多人選擇留了下來。

即使不能開槍，也可以從事行政事務、擔任接線員，如果擅長料理，還可以為最前線的將士調理膳食、送到他們手上。大家心裡想的，都是自己能怎樣對國家做出貢獻，能怎樣打贏這場不講道理的戰爭。這些人只要稍稍訓練一下，相較於明知自己是在從事對烏侵略戰爭的俄軍，在士氣上就會產生很大的差異。畢竟相對於侵略的俄羅斯，反擊的烏克蘭要是失敗，不管工作、國土、財產還是性命，全都會被奪走，每天的新冠肺炎災難與戰禍相比，不過是宛如輕咳一聲的程度罷了。

理想的攻擊目標

這裡是臨近伊爾平最前線的國土防衛隊基地。

照理說，這邊已經進入了俄軍迫擊砲的射程內，對俄軍來說是理想的攻擊目標。即使如此，女性還是跟穿著迷彩服的勇士一起工作……不只如此，做的還是無償的志工。在桌子上堆滿了代替應急口糧的大量士力架與奇巧巧克力，即溶咖啡和紙杯也都一應俱全。因為我閒得發慌，所以就伸手拿了些咖啡和巧克力，但因為還是沒什麼食欲，所以只是本能地把食物送到嘴邊而已。迪尼斯在大教室入口附近和一位穿迷彩服的小哥談過之後，走回來對我說：

「今天中午之前應該是不行了。在這裡一直待下去也是浪費時間，我們先去別的現場看看吧！」

我不由得發出了一聲嘆息。雖然比起像現在這樣待在讓人窒息的基地裡，出去一趟也好啦……只是，我實在不想馬上出發，畢竟我真的不想因為到別的地方去，從而錯過今天造訪伊爾平的機會。唉，結果我被帶去的地方是在基地咫尺之處，迄今為止去過好幾趟的斯維亞托申遭空襲公寓現場。

可是攝影師的精神結構就是這麼單純；儘管是來過好幾次的現場，只要一握起照相機拍照，那些心裡的焦躁不安與疙疙瘩瘩就全都拋在腦後了。然而，這也只是一瞬間的事。「茂樹！趕快回來！」迪尼斯慌忙喊叫的聲音傳了過來。

正午時分，我們回到了基地。這次在途中，迪尼斯就指示要穿好裝備；福斯車在路旁暫時停下後，我們披上防彈背心、戴好頭盔。這真是在和平的日本，難以置信的光景。槍聲和爆炸聲不曾止歇的城鎮也相對異常，但這當然不是烏克蘭人的責任。

Checkpoint（檢查哨）

到了基地後，一位穿著體積龐大的防彈背心、戴緊頭盔，和昨天不同的年輕女性，搭上了福斯車。今天我們要直接開這輛車過去嗎？由於事態急轉直下，所以我也沒了詢問的心情。福斯車來到昨天早上賓士裝甲車待命的同一個地點——通往伊爾平的最後檢查哨，再次停了下來。

雨勢愈來愈大了。今天真的要過去嗎？即使去了，也是最糟糕的天氣。我們四個人，全都一語不發。在福斯車前面，不知何時停了一輛奧迪 RV 車，在車體後方，貼上了白色的「Press（記者）」標誌。是同業嗎？不過現在比起其他媒體，更該關心的是自己。

負責檢查哨戒備的隊員在路障旁邊揮揮手後，前面的奧迪緩緩出發，穿過檢查哨，消失在森林深處。接下來又過了一小時，今天就算能過去，能順利回來嗎？

不，如果最終能平安歸來，那在最前線的城鎮待上一、兩天，徹夜拍攝照片也不錯吧！如果不得不在今天之內往返，那在當地能待上幾個小時呢？

透過前車窗的雨刷，可以看見剛才的隊員對我們招手。副駕駛座上的女性拿出一份沒看過的身分證明書給對方觀看後，路障中間的柵欄便高高升起。福斯車一開始緩緩前進，但迪尼斯接著便一口氣踩下油門。

福斯車在無人森林中的直線道路上開始狂飆，途中雖然有砲擊造成的坑洞和倒下的樹木阻礙車道，但迪尼斯都巧妙避開，不曾中途停下。這讓我想起波士尼亞紛爭中，塞拉耶佛市內的狙擊手街道，那邊也相當恐怖。在塞拉耶佛時只有我一個人，但今天有四個人，目標大上許多。

不減速的理由，和塞拉耶佛應該完全一樣，是為了提防潛藏在森林裡的俄羅斯狙擊手或殘兵，怕他們埋伏吧！可是在這樣的糟糕路面上，用堪稱前所未見的速度飛馳，比起敵彈，交通事故還要更可怕吧……

「這裡就是伊爾平嗎？」

在森林中前進了五公里後，眼前的景色豁然開朗；從坑坑洞洞的道路標誌與被破壞的商店招牌，可以讀出「伊爾平」字樣。我小心地問迪尼斯說：

「這裡就是伊爾平嗎？」

「嗯，你用自己的眼睛來確認吧！」

透過朦朧的霧氣，可以看見穿著迷彩服的軍人，以及臉上戴著全罩式頭套，看起來像是特種部隊的一群人，整體充斥著異樣的活力。

終於、終於抵達最前線的城鎮了。從什麼地方開始拍起比較好呢？總之，先把眼

渡過架在伊爾平橋下的跳板，被緊急後送的負傷者。

前的一切全拍下來，拍到電池耗盡為止吧！彷彿迄今為止的焦躁全都一掃而空般，我開始忘我地拍攝起來。

「這裡是城鎮中心。」

似乎是吃驚的緣故，我看到迪尼斯的表情有點遲疑。到這裡為止的直線道路，又繼續往北延伸……不，沒了。伴隨著霧濛濛的天候，在我眼前展開的，是一片彷彿異次元的世界。

「這裡是這麼一副模樣啊……」

出現在眼前的，是不知該說

存在還是不存在，在電視畫面上看過的伊爾平河與橋樑。

當初烏軍為了遲滯俄軍對首都的侵略，自己把伊爾平橋炸毀了，因此從伊爾平避難的市民，只能在敵人的砲火下，通過跳板木渡河。這副地獄般的景象，被傳播到全世界。

而這樣的景象，如今正在我眼前展開。

不只如此，市民還在繼續由跳板木渡河避難，負傷者也持續被擔架扛著運過河。在下宮嶋，從事這一行超過四十年；雖然我沒有炫耀自己在這段期間，涉足過那些地獄般現場數量的興趣，但眼前的景象比什麼都亂成一團。硬要舉例的話，那就是類似東日本大震災後放眼望去，大船爬到山上、船隻和巴士卡在屋頂上的超現實景象吧！

我對著陸陸續續運過來的擔架與負傷者，持續按下快門。

扛著擔架的救難隊員，他們的視線與罵聲狠狠刺了過來：

「退開！你這傢伙，不要在這裡礙事！」

「你在搞什麼啊！」

「把你的混帳照相機給我丟進河裡！」

若是沒有這條只容一人通過的小跳板木通道，眾人真的會陷入絕境吧！不對，這不是活力充沛，而是大家都殺氣騰騰。這股殺氣，清楚地傳到我這邊來。雖然有點囉嗦，不過我從事這行已經四十年，在各種狀況下，我們也常常遭到人家白眼，可是像今天這樣的罵聲，我還真的沒聽過。我從來沒有像現在這樣，被視線刺痛的時候；即使隔著兩層防彈背心，還是擋不住他們的視線。

粗口雜言

「你真的能夠放得開，拍什麼都沒問題嗎？」迪尼斯縮了縮脖子。於是我像逃跑似地，通過跳板過了河，往城鎮的方向前進。進到橋下之後，我開始慢慢習慣昏暗的光線。在那裡有著正在躲雨，等待撤往基輔機會的避難民眾，還有應該是從最前線輪替下來撤退到這裡，穿著迷彩服、蠢蠢欲動的人群。

看到我的臉，發現是外國人，又看到我掛在肩膀上的道具，知道我的工作後，我再次籠罩在一陣非難的視線與粗口雜言當中。這裡一片昏暗，眾人的眼睛閃閃發光，讓人感覺更加可怕。看這個人數，應該是各個不同的部隊混雜在一起了吧！雖然當中應該也有高級軍官才對，但若是部隊不同，要有效進行指揮也沒辦法吧！

在這當中，也可以聽到很標準的英語發音，不過內容全都是相當標準的國罵。這票人大概是外籍部隊，也就是義勇軍吧！看樣子是絕對不能把鏡頭對準這票人……就算在下宮嶋再怎麼神經大條，也實在耐不住這樣的謾罵，只想趕快離開橋樑，往市鎮的方向前進，但隨即又停下腳步。

「不行，這裡除了泥土地外，還有……」這樣往前一踏，搞不好就會像倒楣的羅伯・卡帕（Robert Capa）[6]一樣，在好幾十名將士走過同一條路後，只有他踩上地雷，不幸喪命。

我不禁縮了縮身子，背後又再次湧現陣陣視線、罵聲與嘲笑。這就是戰爭嗎……和自己的意志全然無關，把家人全都捲入其中，從早到晚進行作戰；每天在眼前出現的，盡是破壞與殺戮，等到回過神來的時候，才發現周遭已經屍體堆積如山。就這樣

6 譯註：美國攝影師，被譽為二十世紀最著名的戰地記者。

回歸故鄉，就這樣變得狂暴不已。

因此，當他們察覺到某個特地從外國跑來這種地方、扛著照相機的蠢蛋，居然對自己的不幸如此輕忽藐視時，必定會想破口大罵吧！不，甚至會想開槍幹掉他也說不定。直到現在為止，我從背後甚至是正面遭到的怒罵多不勝數；是該和這種工作徹底揮別的時候了。但是，唉，今天我就再忍受一下吧！

但是，就像我一再強調的，這就是戰爭。平常連蟲子都不敢殺的男人，為了守護自己和家人，都會非常願意拿起槍來。如果深愛的家人遭到殺害，那更會毫不猶豫地向敵人扣下扳機。這樣的日子不斷持續，就會產生出平時完全不會呈現的言行舉止。只有在這樣的場合，他們才能明白表現出自己的意志。

我像是要逃離橋下這種殺戮之氣般，走上了道路。因為下雨的緣故，堤防滑溜溜的。我好幾次跌倒，結果又被大肆嘲笑。只是，這畢竟是在雨中，攀登陡峭的斜坡。我好幾次手腳並用，才終於登上堤防頂端。

在我眼前展開的，是一片四十年攝影師生涯中，從來沒有見過的荒野；說得更清楚一點，以電影畫面來說，就是我看過好幾次的《惡靈古堡》中，最後一個鏡頭吧！

「嘿！注意地雷啊！」迪尼斯從橋下探出頭來。

不是渡過盧比孔河（Rubicon）[7]，而是伊爾平河，在下宮嶋是在與俄軍的戰鬥後，第一個踏進伊爾平的日本人。和迪尼斯一起來的醫療志工開始四處活動，史蒂芬也扛起了沉重的攝影機，到處奔走。

目擊伊爾平的解放

在烏軍出乎眾人意料的奮戰下，原本認為三月結束前首都就會陷落的預測，遭到了徹底打破。

緊接著作為首都攻防戰最前線、位在基輔郊外的伊爾平市長，對著我等的鏡頭，鏗鏘有力地宣示了城鎮的「奪還」、「光復」，並強調烏克蘭政府將奪回基輔全境。

烏軍在伊爾平如何和侵略者戰鬥、市民過著怎樣的日子、然後城鎮現在又變成了

7　譯註：羅馬時代，凱撒渡過盧比孔河，向龐培發動戰爭；從此以後「渡過盧比孔河」，便被用來比喻下定決心之意。

前去避難的祖孫三代。孩子們鄭重其事地，將配給的果汁抱在懷裡。

怎樣的一幅光景？無論如何，我都想盡早讓日本知道。因此身在基輔的我，在攝影師理所當然的使命感驅策下，朝著這裡前進。

可是伊爾平河的對面，完全是如假包換的戰場。即使背負著等級四（可以防護七．六二公厘步槍子彈）的軍用防彈背心，還是覺得比起沉重……更感到恐怖。讓腳步顫抖的，與其說是防彈背心的沉重，不如說是「腳下是否隱藏著地雷」的不安吧！

架在伊爾平河上的橋樑，是烏軍自己為了阻撓俄軍而炸掉的。破壞的車輛在橋上，毫不誇張地向著地平線一路延伸過去；這些車輛構成了對戰車的路障，可以防止俄軍戰車的前進。這座橋樑名符其實，成了俄軍眼中「最遠的橋」（A Bridge Too Far）[8]。特種部隊的皮卡車穿梭在這漫長黝黑的車列間，不斷地運送避難民眾。沒辦法步行的人，就坐在擔架上前進，大家臉上都充滿了恐懼，一聽到些許的快門聲就神經緊張，罵聲與尖叫聲四起。這就是戰爭啊！

8 編註：取自考李留斯雷恩的名著《奪橋遺恨》的原文書名，意思為無法攻破的關鍵戰略要點。詳情請參閱燎原出版的同名書籍。

還想多拍一下

「三十分鐘！我們能待在這裡的時間就只剩這麼多了！不要離開道路！」

這也是沒辦法的事，光是最後能進入伊爾平，就已經很幸運了。可是，我也是個職業攝影師，既然終於來到此地，那就還想多拍一下。不管是彈痕累累的教堂之中、還是牆角留著骷髏的民家之中，我都想多看一下、多拍一下；就算是有滿滿的詭雷（設有機關的炸彈）也無所謂……

「快一點！」

擔任醫療志工的女生對我招手，我再次承受著背後粗暴烏軍傳來的冷漠——不，令人痛苦的視線，渡過了伊爾平河。即使是在回去的森林直線道路上，迪尼斯也沒有放慢油門。

將那位醫療女志工再次送回國土防衛隊的基地後，我們終於可以脫下防彈背心與頭盔。肩膀如釋重負……這樣的表現方式或許不太正確，應該說，簡直就像是從頭上壓下來、讓身高驟減五公分的重力，一下子解放出來的感覺。氣溫還是在零度以下。

背上和腋下濕透的觸感，是冰冷與汗水交織的結果。可是比起解放感，攝影師完成工作後體會到的充實感更為強烈。無論如何，我們總算是平安回到基地了。

那些背後穿刺過來的烏軍痛楚視線，還有賭上性命避難的伊爾平市民劈頭傳來的罵聲，一旦拍攝過後馬上就會忘記，但這次拍攝的作品，會一直留存下來。

在返回迪尼斯的辦公室途中，我們繞到斯維亞托申的雷特羅購物中心（Retroville Shopping Centre）。

「在這裡拍下今天的感想吧！」

在這座雷特羅購物中心，俄軍投下的一枚新型炸彈，將整座巨大購物中心化為瓦礫山，造成包括一位俄羅斯獨立媒體的女性新聞工作者在內，共有八人犧牲。我已經來過這裡好幾次，進行定點攝影。

今天儘管是在雨霧之中，還是可以看見重機械不停咆哮，進行修復的樣子。

「說日語沒關係嗎？」

「請吧！」

「這個嘛……總之我平安無事回來了。希望避難的伊爾平市民也能夠早點回家就好了……」

「你應該會說，『今天這樣的事情是最後一次、這次是最後的戰爭採訪』吧？」

「誰這樣說啦？我還打算回來呢！為了看到烏克蘭人民贏得勝利的一刻！」

「……」迪尼斯對著史蒂芬架好的攝影機，縮了縮脖子。

這一天是四月一日，基輔市長解除了酒類販賣的禁令。

睽違了一個月的美酒

我邀了前幾天終於趕到基輔的共同通信社原田攝影師、以及跟我算是孽緣的影像新聞工作者綿井健陽先生，一起前往原田先生住的總理宮飯店（Premier Palace Hotel）的酒吧，說是要就飲酒解禁做個採訪。

「可以點這些嗎？」在吧台的架子上，擺滿了世界上酒吧會有的幾乎所有酒類。

「到晚上十點為止。」

很夠了。首先，雖然飲酒解禁，但宵禁令還是在。九點鐘以前要回到我住的斯卡洛夫特飯店（Sky Loft Hotel），因為是在宵禁令快到的時候，所以不會有計程車，必須要走回去才行。

然而，這是睽違整整一個月的飲酒，我的目光不由得直飄向它。但，最後我還是稍微振作了起來：

「蘇格蘭威士忌，加冰塊。」

原田攝影師點了啤酒。

綿井先生則點了金湯力雞尾酒。

「這副光景是不是在哪裡看過？」

「對！阿富汗！」

「賈波爾沙拉吉（Jabal-os-Saraj）！[9]」

二十年前，塔利班政權掌管的喀布爾陷落前夕，我們三人將CNN的前輩M攝影師從塔吉克偷偷運來的白蘭地，一起喝個精光。因為怕酒香傳了開來，所以我們做了

9 譯註：阿富汗「北方聯盟」在二〇〇一年底，對喀布爾的攻勢中的戰略要地。

偽裝，把酒溫到快要燒起來，結果反而引發了更濃郁的香氣，進而造成了大騷動。

但是，現在從玻璃杯裡飄出的酒香，讓我確信今天的解禁，絕非愚人節的玩笑。我啜飲了一口威士忌，從食道流入胃中這股冰塊加炙熱的感觸，不用說，是如勝威士忌酒心糖完全無法相比的高級品。

我們三人一邊感謝基輔市長的英明決斷，一邊喝到喉嚨咕咕作響。酒吧的女酒保像是在看稀有動物般，看著我們這副喝酒的德行。在下宮嶋為了替這天平安無事歸來聊表祝賀之意，將杯中的美酒一飲而盡。

雖然我很想熱烈討論在阿富汗的回憶，但現在還是在戰爭當中。而且這是睽違了四週的飲酒。喝完第二杯後，我已經覺得有點站不起來。在宵禁令開始前，我迅速地起身，走回飯店。如果在不久的將來，在承平時期造訪烏克蘭，到那時候，我一定要痛快地喝到天亮。

第六章

切爾尼戈夫的驚險行程

設置在飯店二樓的媒體中心，自俄軍從基輔周圍撤退後，便以基輔的地下鐵和郊外的布查市（Bucha）為起點，陸續企劃了記者的參訪活動。參訪團將蟄居基輔的文字與攝影記者集結起來，帶他們前往各種不同的現場。和所謂獨家或獨自潛入不同，這種活動不分國籍，任何人都可以參加，說難聽一點就是施捨性質的採訪。特別是戰爭犯罪陸續浮現的四月初，為了讓俄軍的野蠻行為盡早暴露在國際社會面前，媒體中心更是積極組織記者前去參訪。

不是車諾比，是切爾尼戈夫

參加參訪團的好處是，因為有準備好的巴士，所以幾乎不用出任何交通費，而且路上有軍警護衛，所以相當安全。除此以外，隨著俄軍從周遭撤出，除了有設法回歸首都基輔的市民，還有為了接下來即將到來的激戰，要往烏克蘭東南部輸送兵力、武器的軍事車輛必須優先行駛，路上往往好幾個小時都無法通行，引發大塞車。但參訪團能在軍警車輛的引導下，無視塞車一路呼嘯而過。

另一方面的缺點則是，雖然不會有獨漏新聞，但只能和大家同步進行採訪。而且，隨著內容、場所不同，即便是很多人一起參加的場合，也會有攝影師不准拍照、或是鏡頭不可對準的地方。

就在這樣的四月初，跟我混熟的媒體中心人員馬克西姆，在我耳邊悄悄說：「你要不要去車諾比（Chornobyl）？」哎，就是因為會有這種絕佳的機會造訪，所以我才賴在這家飯店不走的。可是，車諾比……是說那個二十世紀發生大事故的核電廠，其爐心熔解仍在持續，所以用水泥從外面將之圍繞起來，但現今輻射仍在持續外洩，而且不久之前，曾經被俄羅斯侵略者一時佔領過的車諾比嗎？我不禁懷疑起自己的耳朵。說起來，我並不是業界為數眾多的反核運動家之一，可是既會遭到眼睛看不見的傷害、又不知道該去訪問誰，在在都讓我感到相當苦惱。更重要的是，我在東日本大震災的時候，曾經吃過大苦頭——

在那場堪稱千年一遇的大海嘯，日本人首次體驗到核能事故之際，我正在距離福島第一核電廠僅僅二十七公里處的南相馬，和正牌的戰場攝影師橫田徹先生在一起。看到事故之後氣爆的畫面時，我一下子陷入大恐慌，不只放棄了前往受災地點採訪，還顧不得沒有汽油，直接從南相馬逃了出去，結果在翻山越嶺的時候，因為車子沒油，不得不將愛車拋棄在山中，可謂醜態畢露。

對看不見蹤影、也無聲無色的輻射恐懼，讓我的思緒陷入了停頓，不禁流露出只顧自己安危的不中用醜態。但是，哎，從那之後已經過了十一年，我也已經到了不期望生小孩的年紀，因此我現在非常想去車諾比這個一度污名遠揚，如今又被正在進行中的核能事故與戰禍雙重悲劇捲入其中的現場。

然而，就像剛才講的，輻射是肉眼看不見的事物，因此該怎樣表現出它的恐怖之處，我也完全摸不著頭緒。不過跟馬克西姆再深談之後，我才知道原來要去的地方不是車諾比，而是另一座城市——跟白俄羅斯國境接壤、曾被俄軍一時佔據、破壞狼藉的切爾尼戈夫（Chernihiv），這讓我不禁面紅耳赤。

感覺要找到司機，並不是那麼容易

嗯，地圖上確實有個切爾尼戈夫市。它位在距離基輔近郊大約一百五十公里遠的北方，距離我最初前來基輔時通過、滿布地雷、人煙罕見的日托米爾，往北還要一百三十公里遠，比前述的車諾相較離基輔還要遠。

問題是一百五十公里，而且途中還要經過歷經戰鬥的城鎮。馬克西姆說得相當熱切，他說：「你只要在工程單位正進行復原中的切爾尼戈夫住一星期，這段期間你要去哪裡，我們都不會管。」

但我還是感到很煩惱。首先，這一週間當然不能去其他現場。儘管還有交涉餘地，看能不能調度一下交通工具，在兩、三天之內就回來，但不管怎麼說，現在都還是在戰時。雖然很難想像俄軍會再度南下，但要在烏軍戰線中單獨往返奔馳三百公里，還是讓人憂懼不已。但，或許是我總是在風險與退縮的衡量中，選擇勇敢突破的一方，所以我認為這次也有一去的價值，應該要趕快調度車輛才對。

回應是否願意參加記者參訪團並接受導覽、以及參加時的登記申請，都像平常一樣，是透過網路——更正確說是Telegram——來傳達。這裡所說的「Telegram」並不是電報，而是一種SNS（通訊軟體）。總而言之，就像我好幾次提及的，烏克蘭的IT跟我們日本天差地遠，採訪申請全——部——無紙化，只要用網路申請就好。我國的自衛隊採訪申請，直到現在還要用傳真，這在烏軍看來，根本是難以置信吧！

參訪行程是在四月九日，前往地點就定在這個切爾尼戈夫。照馬克西姆的話，這樣就算是表達了自己想參與參訪行程的意願了！可是這次和平常不太一樣，沒有巴士，必須各自確保交通工具才行。既然這樣，要怎樣到達目的地切爾尼戈夫呢？不只如此，還有更詳細深究才知道的事情——

這趟參訪行程雖然就原則上來說，只要申請就可以去，但必須事前登記才行。除此之外，還有幾個條件：要自備防彈背心與頭盔，上面要有大大的「PRESS」標記，而且還要自己準備交通工具，也就是車子。

雖然俄軍已經撤退，但曾被佔領的城鎮中，現在還四處散落著俄軍棄置的戰車與車輛。在這些車輛當中，應該有不少為了防止烏軍擄獲（再利用）而裝設了炸彈，或是在周圍布下地雷。雖然由軍警車輛開路、帶著幾輛巴士前進的話，或許會很安全，但萬一走散、闖進地雷陣的話，那可就一去不回了。計畫前往這種地方，感覺並不是那麼容易找到司機。

特別是我到基輔以來，關照我的幾乎都是那些只要我付油錢的志工，以及各式各樣奇特的人士，這讓我頗感困擾。不只如此，我也不得不重新張羅防彈背心與頭盔。

可是，不管參不參加參訪團，能夠自由在烏克蘭採訪的日子應該都會到來。為了那時的準備，現在也應該開始調度車輛了——儘管這還是將來的事。

只能去切爾尼戈夫了

我來到基輔此地，已經有一個月之久。當我從日本出發的時候，一直在想「現在進入烏克蘭的話，能夠抵達基輔嗎？搞不好首都已經失陷，烏克蘭全境都已經變成俄羅斯的領土了……」；但結果完全出乎專家與在下的預料，烏軍在各地英勇善戰。最後在奮戰之下，將俄軍趕出了首都全境。

在這場搞不好會發展成第三次世界大戰的戰爭中，普丁一直威脅要使用核武。不只如此，他有可能不只是威脅，而是真的會使用。若是這樣，那地球就將迎向末日了。

在這樣的大事之前，雖然是點不足掛齒的小事，不過我在三月二日出發時，其實已經預定好要在三週後，於東京舉行攝影展。完全沒想到烏軍會善戰到這種地步的我，認為戰鬥頂多兩週就會結束，屆時不管我想不想，都不會留在烏克蘭了。簡單說，我們相關參與採訪的人士，要不是被俄軍逮捕，就只能退往國外。因此我應該可以在攝影展的第一天歸國，所以我就預先訂了三月二十四日返國的機票。當然，在這種狀況下，我買的是廉航經濟艙的黃牛票。作為戰時下的請託，我麻煩住在德國的高中學長幫我忙，讓我變更了一次行程，但期限也已經在十天前過期了，機票都變成了廢紙。再這樣下去的話，我或許無法在攝影展舉辦期間回國了。如此一來，我將會變成攝影師對那些周遭奔走的人最大的失禮。即使如此，我還是硬說：「這或許是我最後的戰場了」，而一直撐到了今天。

結果，我還留在烏克蘭；但以這種狀況來說，能去的地方，大概就只剩下位在一百五十公里遠的北方、靠近俄羅斯與白俄羅斯國境的切爾尼戈夫了。

集結在這個紛爭地點的牌友，還是老樣子會聚在一起

不知該說幸還是不幸，《朝日新聞》和ＴＢＳ電視台都出現在基輔。既然是安全

有烏方掛保證的記者參訪團，日本的大媒體沒有不參加的道理。在他們之前，也有自由影像新聞工作者前來，但攝影師仍然只有我一個。這樣說起來，雖然上了年紀，但在這個紛爭地集結的牌友，還是老樣子會聚在一起。

在這個網路媒體滿天飛舞的時代，跟門外漢差不多的年輕人固然討喜，但在阿富汗、伊拉克等地結下孽緣的牌友們，還是會在烏克蘭彼此聚首。只是在這當中，橋田信介、小川功太郎、長井健司[1]等人的身影已經永遠看不到了，令人感到無限孤寂。

總愛自稱是我老長官的橋田信介先生，是在六十一歲時過世的。我下個月也要滿六十一歲了——當然，如果我下個月還活著的話。

結果，在這當中我所選中的，是在一週前剛到基輔，跟我有著難解之緣的綿井健陽先生。

1 編註：橋田信介，戰地攝影，於二〇〇四年五月二十七日，伊拉克戰爭期間在巴格達附近採訪時遭遇襲擊身亡，享年六十一歲。小川功太郎，曾任ＮＨＫ的節目監製，是橋田的外甥，同樣擔任戰地記者，兩人在同事件中喪命，時年三十三歲。長井健司，戰地記者，於二〇〇七年九月二十七日，在緬甸採訪反軍政府示威活動時，遭軍方從背後開槍殉職，享年五十歲。

綿井先生雖然跟我同樣出身日藝，卻是晚我十年的後輩，但我們的思考方式全然不同。儘管如此，他靠著紮實的戰地採訪，拍出了《Little Birds》這部紀錄片，也獲得了波恩上田獎[2]。簡單說，他和那些自稱戰地攝影的人完全不同，是位腳步踏實的新聞工作者。在阿富汗、伊拉克、黎巴嫩，雖然我們兩個思考截然不同（容我再囉嗦一次），但我們是貨真價實、在槍林彈雨中打出來的交情。

綿井先生這次來到烏克蘭，是透過電視製作公司、以地方電視台的記者身分，帶著相當高價的口譯一起行動。對於我到現在還在拚命調度等級四的防彈背心與頭盔，他早就在網路上預定好免費無期限的租約，而且還貼好了「ＰＲＥＳＳ」的標誌。我也問到了聯絡方式，急急忙忙提出申請，但對方表示下次進貨時間未定，直到我回國都沒有進一步回應。

不只如此，同樣是防彈背心，雖然大家都知道日本政府捐贈了烏克蘭一千九百件自衛隊防彈背心，但是誰也沒見過實物。結果他也在支援物資倉庫早早發現了這批極罕見的貨品，並攝影記錄。據說他找到了相當有能力的助手，靠著這位助手，也確實弄到了車子。

哎，反正也不是不認識的人，既然都把他介紹到斯卡洛夫特飯店了，那我就和綿井先生一起搭車吧；這樣也可以節省金錢，不是很好嗎！

湧現的不祥預感

在出發的前一天（八日），我終於收到媒體中心的通知，准許我參加往切爾尼戈夫的記者參訪團。只是，因為申請參加的人多達一百一十八人，所以必須分成週六、週日兩趟前去；也因此，我和綿井先生預定前往的時間不是九日，而是被排在十日的參訪行列裡。哎，雖說這樣也好，但反正不用點名，而且是開自用車參加，所以只要裝出一副不知情的樣子，就算提早跑去，應該也不會被發現吧！總之，我很在意因為這次採訪行程，明天要整整空下一天這件事。和迄今為止的巴士參訪團不同，除了自用車要各自準備以外，集合場所也從過去的「席德密爾斯卡地鐵站」（Zhytomyrska），

2 譯註：表彰在國際報導方面功績卓著的記者獎。

轉移到比較靠近切爾尼戈夫、位在基輔最北邊的「雷索法地鐵站」（Lisova），並規定在早上七點集合。

但是，我無法否認自己莫名湧現不祥的預感。綿井先生住進我所住的六〇五號室下面兩層樓的四樓，和通譯包了兩個房間，並且很快地來跟我商量。首先我表明說：「雖然我們不是被排在明天，而是後天的行程，但為了慎重起見，我覺得應該明天就若無其事地把車開到集合地點。如果有點名，就說我們是第二天的話，那我們就說聲『對不起，我們不太清楚』，然後乖乖退回來，等第二天再去。但照理說應該不會點名，所以我們就直接跟在護衛車隊的尾巴過去吧！」

綿井先生的通譯杜馬先生，之前我在飯店的餐廳也曾見過一面。他的頭髮理得短短的、幾乎接近光頭，表情看起來有點兇惡，而且英語也不行，和綿井先生似乎是透過google翻譯來溝通的。儘管如此，東京的經紀人在每天的住宿費外，還會另外支付他四百美元。不只如此，明天遠行的車子也交給杜馬先生處理，至於我們，則要再付給他燃料費一百五十美元。

哎，既然是間接得到杜馬先生的幫忙，所以我在前一天就給付了一百五十美元的半數——八十美元給綿井先生。不只如此，我也從一直以來在閒暇時候拜託幫忙開車、除了每日燃料費以外多給他三十歐元、幾乎是志願幫忙的吉馬小哥那裡聽說，雖然只是等級二的次貨，不過他可以跟熟人借到防彈背心跟頭盔。於是我便拜託他幫忙調貨並送來，以備明日之需。

大排長龍的車隊

第二天（星期六）早上六點，防彈背心和頭盔總算趕上了。我原本打算如果趕不及，就穿上厚厚的羽絨衣，再戴上機車用的安全帽出發，但不管怎麼說，總算是弄到了軍用防彈背心——雖然只有等級二而已。今天早上的集合場所，首次改到基輔北邊偏遠的地鐵站。在集合時間七點鐘的一小時前，終於在很緊迫的情況下，車子開到了我們面前。

這位司機看起來才二十出頭，名叫安德烈，車子是捷克製的斯柯達（Skoda）Sedan。這個年輕人最後把我害慘了，但在下宮嶋並非神明，這時還無從得知此事。

我們把防彈背心和頭盔放在行李廂之後，就立刻動身出發。通譯杜馬坐在副駕駛座，我和綿井先生則坐在後座。

斯柯達在七點前，勉勉強強開到了基輔市北邊地鐵「雷索法站」附近的幹道。在那裡已經明顯可以看到好幾輛貼著醒目「ＰＲＥＳＳ」標記、大型的ＲＶ車和Sedan停在那邊。我們雖然打算更早一點出發，但既然是車隊形式，也只能跟在尾巴後面走。萬一跟丟了率先出發的前導車，那可就不得了了。

現場可以看到兩輛警車，其中可以看到一開始向我提議去切爾尼戈夫、媒體中心的馬克西姆，以及他的上司、內政部的赫拉先科先生。不久後，各車的駕駛、副駕以及通譯都被集合起來，告知像是「要緊跟著，不要落後了喔！落後的話，就會被拋下喔！」之類的注意事項。就這樣，在兩輛警車開路下，二十輛車子排成兩百公尺的車陣，在七點二十分出發了。果然沒有點名，而是希望參訪的人，自行、無條件地加入。

這次的目的地切爾尼戈夫，位在直線距離約一百五十公里的北方。若是平時的話，大概一小時左右就能到達，但現在我們必須繞過不久前被俄軍佔領的村鎮，迂迴前進。不只如此，那邊離俄羅斯國境也很近，因此不掉隊、緊跟在後是最重要的事。然而，也不知道安德烈跟杜馬是不是不理解這點，只見他們在前座大聲聊天，一副像是要去野餐的樣子。

今天不是走平常走慣、向西的四十號公路，而是走向北的九十五號公路（E95）。但開不到一小時，就必須離開因砲擊而路面處處崩坍的九十五號公路，改走狹窄的村道。而且，因為俄軍撤退還沒過多久，不保證沒有觸雷的危險，因此就算是前導的警車，也不得不屢屢停車。每當前導車停下時，後面排長龍的車陣就全得跟著停下、動彈不得。

在路途不到一半、接近七十公里的戈賽雷西村（Kozeretsi）附近，我們從九十五號公路往西，改採從普通道路六十九號（P69）北上的途徑。道路漸漸變得狹窄，愈往北行，路上被破壞的俄軍車輛、以及砲擊留下的巨大彈痕，就愈是明顯增加。即使如此，車隊還是緊跟著前導的警車，毫不減速的飛快奔馳。但是，前方開始急遽地堵塞起來。我們馬上就得知了原因。原來那裡有個平交道，柵欄已經放了下來。更糟糕的是，前導的警車和驅策著大型ＲＶ車、即使路況糟糕還是不斷奔馳的大媒體車輛，把在平交道等候的我們就這樣丟下，自己先跑了。

更慘的還在後面，烏克蘭的列車有夠長，因此過平交道的速度慢吞吞的。我們焦躁不安地等了三分鐘，柵欄才終於升起、得以衝刺出發。被拋下的三台後續車輛立刻緊追著前行的車隊，一分鐘都不想浪費。但是，前面又有一輛大卡車擋路，那是個令人絕望的超級障礙。焦躁不安的行駛，就這樣又持續了好一陣子。

在我們後面一樣焦躁難耐的RV車，下定決心從右邊超車過去。在第二次嘗試時，他們終於成功超過大卡車，一下子就不見蹤影了。儘管如此，在我們的斯柯達上，安德烈還是神色不變，和副駕駛座上的杜馬忘我地聊著天。

結果只有我們被拋下

正當我在想是不是要沿六十九號公路一直往西前進時，前面出現了岔路。那輛擋路的卡車慢慢往右轉，我們的斯柯達卻走左邊，身後不知道哪家媒體的白色RV車，也跟著我們前進。

卡車這個堵塞前方的大路障消失後，斯柯達的速度也跟著提升，但我很擔心前座那兩個什——麼——都沒在想，只是忘我聊天的人，於是將目光落到手機的谷歌地圖上。方位指針正在朝南前進。糟糕！我們正在回到九十五號公路上，剛才的岔路應該往右才對！

「Wrong way!（走錯路了！）」

長相兇惡的杜馬愣了一下，轉過頭來。他似乎想用google翻譯說些什麼，但網路沒有線路，所以翻譯功能派不上用場。

「尼耶，普拉伊佩那！（錯了！）」

就算杜馬的英語不行，說俄語總會通吧！後續的RV車剛才似乎已經察覺到了，火速迴轉。

「該死的蠢貨，居然沒跟緊！」他只說了這樣一句，接著便開始迴轉。到了這個地步，他們似乎終於察覺到問題所在了。杜馬將視線落到手機上，但因為網路沒有線路，所以只是縮了縮脖子。

當我們終於回到六十九號公路的時候，路上只剩我們一輛車了。我們完全被拋下了。從這裡過去還有七十，不、八十公里的路程吧，只靠我們一輛車，而且是在沒有前導的情況下，要一邊避開烏俄兩軍或許在沿途設下的地雷陣，一邊前進。從早上下到現在的雨，完全沒有停止的跡象，路面狀況也漸漸惡化。前面兩位的聊天也依舊沒有停止，這讓我更感到焦灼難耐。

雖然我急著催促，但他們對可能的危險仍是一笑置之，繼續聊天，結果連像是地方農家的車輛，都跑到了我們前頭。途中零星的村落也有檢查哨，因為前後都是農村，所以不免會產生塞車，但是前面有警察開路的車隊，因為有優先通過權，所以可以無視塞車，從左邊超車過去。然而，甚至在這時候，杜馬也忘了問上一句：「車隊大概在幾分鐘前通過？」。

然而，塞車的理由並不只是檢查而已。沿著六十九號公路奔流的傑斯納河（Desna），上面架設的橋樑幾乎全被破壞了。之所以如此，與其說是俄軍的攻擊，不如說是烏軍為了阻止他們進擊，自行炸毀了。沒錯，不管是像伊爾平橋那樣，橋面開了一個大洞、只有一線車道可以通行的橋樑，還是徹底崩毀、由工兵部隊臨時架設的簡易橋，都是隨便往腳下一望，就會讓人嚇到昏倒的玩意。因為它們的運用方式，都是只架上兩片十公尺左右的薄鐵板。這種橋當然一次只容一輛車慢慢通過，因此前後發生塞車，也是在所難免。

沒油了！

「普里亞馬，那雷哈（一直往左）。」現在由我代替既不能讀地圖、也不會做通譯，只是單純變成斯柯達壓艙物的杜馬來進行導航。就這樣我們來到了九十五號公路的交接點，切爾尼戈夫就在眼前。從進入六十九號公路以來，整整三小時以上，我們都是獨自一輛車在奔馳。

前方的媒體車隊應該已經到達目的地了吧！當然即使單獨行動，照理說也可以進行採訪。但在我們四人當中，沒有任何一個傢伙之前來過切爾尼戈夫。不過，那參訪團可是全長兩百公尺以上的大車隊，而且這個靠近白俄羅斯國境的城鎮並不像基輔那麼大，因此只要在街上繞一圈，應該就能馬上發現車隊了吧……然而，我太天真了。不管是市政廳和它前面的廣場，甚至是西北部遭到嚴重轟炸的集合住宅，到處都找不到車隊的蹤影。

「聽好了。這座城鎮應該有遭到砲擊、造成不幸喪生者的地方，首先帶我們到那裡去。」

「No！首先應該去找車隊。如果找不到車隊，我們是回不了基輔的！」杜馬的意思大概是這樣吧？他用近乎三七仔水準的英語說著。「正因為如此，所以我們才要去受災嚴重的地方，車隊很有可能集結在那裡……」

「No！」他已經完全聽不進我的話了。

杜馬於是又試著勸雇主綿井先生聽他的話，但似乎收效甚微。

一直顧著講話、自稱通譯的杜馬先生，終於開始領悟到事態的嚴重性，但已經太晚了。

「……我們回不去了。」

「咦？帕奇耶姆？（為什麼？）」

這時候我注意到，斯柯達與其說是在找尋車隊，不如說是在找加油站。

「怎麼了？」

不久後，安德烈終於發現了還開著的加油站，感覺像是鬆了一口氣。只見一條長龍從前面一直延伸下去，他再次發動車子，逆著長龍前進，但是即使過了兩個路口，隊伍還是沒有終止，最後我們開了超過一公里，才排到隊伍的最末端。

「所以到底發生了什麼事？」

「邊金（汽油）沒有了！到這裡的時候跑太多里程了！」

「……」

不會吧……雖然離開基輔的時候，油錶顯示就只有半滿，但你不會沒準備預備的燃料吧？在把防彈衣放進後車廂的時候，無論如何都應該注意到的啊！不只如此，你這傢伙明明知道今天至少要開單程一百五十公里，萬一情況不妙得走爛路或是繞路，還可能要開上兩百公里，也就是來回要跑三百公里以上，結果昨天居然沒有加滿汽油？

確實，現在在基輔有一輛車一次只能加二十公升的限制，但是一百五十美元的報酬，以這輛斯柯達來說，至少夠加四十公升，也就是只要加兩次就能加滿，在金錢上相當充裕啊！而且在一週前還被俄軍佔據的城鎮，燃料不足的情況鐵定比首都基輔更嚴重，這是連身為外國人的我都知道的事啊！果然，綿延一公里、等著加油的長龍，即使等了一小時，還是連一公尺的動靜都沒有。

掌握汽油

這些傢伙根本沒有職業意識啊！這樣下去即使到明天早上，還不知是否能獲得油料補給；如此一來，就只能搭乘明天應該會來的參訪團車輛了吧！

「綿井先生啊，怎麼在掌握油料上，會出現這麼糟糕的狀況啊？」

但我也不能完全推給別人，畢竟我們都開了一百五十公里啊！但是，不管我有多輕忽大意，吉馬的鈴木車也不會搞成這樣子啊！而且吉馬還是半志願在幫忙的！就連備用燃料，他也會準備得好好的，根本不用拜託。徹頭徹尾是個老好人的綿井先生，大概也因為自覺太相信人性本善了，所以低頭不語。

「比起覓食、更要慎選交通工具，畢竟這是攸關性命的事物……」這不是這個世界的常識嗎？既然如此，為什麼我明明都過了六十歲，還會被這種混蛋傢伙擺了一道！還因為這些傢伙，白白被奪走許多時間與難得的採訪機會……真是太丟臉了……然而，就算在這裡一直碎念，也無濟於事。無論如何，都得跟參訪團的人員取得聯絡才行。

首先是主持今天參訪行程的馬克西姆，他的電話是透過 Telegram 的號碼。但我不管按幾次手機的通話鍵，就是連不上網路，撥不通。如果是基輔或利沃夫的話，那就另當別論，但我現在是在一週前俄軍還盤踞不去的城鎮中發出手機的電波。即使如此，網路連不上，到底怎麼辦才好？

這時候身為ＩＴ原始人的我，不禁覺得自己很可悲。綿井先生也相當焦急，開始打起email，但是來得及嗎？對了！我不是有為了這種時候準備，雖然通話費高得要命，但要通話的時候，不管ＧＳＭ還是５Ｇ都可以打得通的日本傳統手機嗎？！

說到這個，在今早的集合場所——雷索法地鐵站附近的路上，我曾經見到《朝日新聞》的記者與攝影師。那位攝影師是在香港進行示威採訪時，曾經和我踏足同樣現場的映像報導部的竹花徹朗先生，和他一起的記者則是歐洲總局長國末憲人先生。我和竹花先生在香港雖曾交換過名片，不過現在沒帶在身邊。但是，前天在基輔飯店二樓的媒體中心，剛舉行過的記者會上，我應該和國末先生交換過名片！他們現在應該跟車隊在一起。我趕快取出名片跟傳統手機。謝天謝地，ＧＳＭ的天線還是三根，而且國末先生的號碼是英國號碼。我按完國碼+44後，按下他的手機號碼。不管了！撥號聲！拜託你一定要接啊！「喂喂……」電話那頭傳來了驚訝的日語。成功啦！

該說我無論如何都不想讓對方察覺自己的軟弱吧，於是我用冷靜的語氣開口問說：

「大家現在在切爾尼戈夫的哪邊啊？」

據國末先生所言，參加行程的人把車停在郊外，便搭乘巴士巡迴周邊的村落去了；至於車放在哪裡、接下來又要往哪裡去，他也不知道。最後，雖然有點無理，但我還是試著問他說，能不能搭他們的車回基輔，結果一如預料，他以「沒有空間」為由拒絕了。

但是幸好，他們還在我們附近！這樣一來我們就得趕快踢那兩個笨蛋一腳，動身找巴士了！畢竟像這樣在風吹雨打中等汽油，局面也不會有所改善。總之，姑且先回到市內西北部的受害地區，看看狀況吧……

會合，可是時間已經太遲了

「咦？是那個嗎？」

切爾尼戈夫市中，被巡弋飛彈擊中好幾發的集合住宅。

空襲現場，到處都出現巨大的撞擊坑。

在屋頂崩坍的烏克蘭旅館前，執政黨的女議員正在召開現場記者會。

在應該是遭到幾發巡弋飛彈攻擊的集合住宅前，停了兩輛剛才沒看到的大型巴士；巴士上有一群一看就是同業的人，早就架好了照相機。

「為什麼會在這裡……哎，果然移動是正確的哪！」我們四個人今天第一次相視而笑。媒體中心的馬克西姆也夾雜在同業之間，走下巴士和我目光相對：「你去哪裡啦，茂樹？我很擔心你呢！」我本來想抱怨這兩個笨蛋，但還是硬把話嚥了回去，只是拜託說現在開始，希望能跟隊伍會合。「當然，welcome!」我也發現了竹花先生的身影，於是趕快去進行情報蒐集，問他之前去過了哪裡？

如果有再度採訪的價值，那就算今晚住在這裡，CP值也是划算的。在這裡採訪的時間也相當有限，所以我趁著攝影的空檔，請大家無論如何告訴我今天巴士去過的地方。採訪地點是位在郊外往北十公里左右，一處曾被俄軍佔據的聚落，採訪實際遭俄軍掠奪糧食的村民。村子在俄軍撤退之後，按照慣例遭到砲擊，基礎設施幾乎被破壞殆盡。記者們也被帶到體育場，在那裡的田徑場，出現了空襲之後留下的一個巨大碗狀洞穴，同時也進行了墓地的採訪。

有馬克西姆的介紹，就算《朝日新聞》沒辦法，總可以搭某家媒體的車回到基輔才對。既然如此，這樣一來應該就用不到斯柯達跟那兩個傢伙了吧！

但是，那兩人大概也怕被用過就丟，慌慌張張地跑來說，他們從鎮上的熟人那裡，分到了汽油。（既然如此，你們為什麼不在基輔就準備好！）我差點這樣脫口而出，但最後還是保持溫柔寬大地慰勉他們說：「既然如此，那就快去辦吧！」安德烈聽完，便一溜煙地不知消失到哪去了。

在這之後，參訪團往市中心前進，在烏克蘭旅館前停下腳步。在那裡進行一位執政黨女議員的訪談後，可以獲得十小時自由取材的許可；在這一點上，也展現出烏方的充分自信。對於俄軍的戰爭犯罪，即使到現在包括日本在內，還是有主張這是烏方自導自演、或是毫無根據的傢伙。但在這種情況下，烏克蘭內政部卻若無其事、游刃有餘地向一百名以上的記者掛保證，將他們毫無限制地放到街上。

綿井先生帶著杜馬，不顧雨勢四處奔走。說到底，我也是煞盡心力，走過一百五十公里的路程前來此地。我獨自一人走過切爾尼戈夫州廳前廣場，以及從馬克西姆那裡打聽來的空襲現場。在途中的廣場上，我試著向一對正玩著最近似乎也在烏克蘭流行起來的滑板車的親子，以及成人商店進行採訪。不管怎麼說，反正有內政部的保證，可以自由採訪嘛！

糧食自給率超過百分之百

但是，我在集合時間下午三點四十五分前，就回到了集合地點——烏克蘭旅館。之所以如此，是為了避免又重蹈覆轍。我搭上待命的巴士，等待前往郊外的車隊停車處。但過了一小時，巴士還沒有任何動靜。大概是開路的警車還沒有到吧！

一小時半之後，巴士終於發動，在集合住宅前停下。在這裡我們被安排，對一間剛搭建起來的志工中心進行採訪。因為這是馬克西姆的上司赫拉先科先生特別關心的取材，所以非得好好攝影不可。不論何時，當我聽到烏克蘭的糧食狀況時，都會不由得為之折服。烏克蘭的糧食自給率，是令人驚訝的超過百分之百。在臨時搭建的志工中心裡，也聚集了大量的麵粉、蔬菜和食材。

相較之下，我國的糧食供給狀況就令人憂心忡忡。如果我國也遭到俄羅斯或中國某一方侵略——不，甚至同時遭兩方侵略的可能性也很高，該怎麼辦才好？和烏克蘭不同，我國是個島國。無須贅言，機場被破壞就不能使用，即使有港口，外海也會有敵艦群集封鎖。而且，要是平日就一味反對美軍基地，到了關鍵時刻，也不能指望老美幫忙。萬一走到這個地步，糧食自給率不到四成的日本列島，不消一個月就會變成饑餓列島吧！明知這一點，卻還是不理不睬，這樣真的好嗎？然而，比起遙遠的祖國，現在更值得擔心的是自己。

在天色開始變暗的晚上六點前，警車終於來到巴士前方，還帶來了不知從哪裡弄來的大量外帶盒裝披薩。說到這個，我從早上六點、不，昨晚九點開始，就什麼東西都沒吃……呃，要說的話勉強有啦，就是充當緊急口糧的士力架吧！來到烏克蘭一個月，我整整瘦了五到七公斤。皮帶鬆了兩格，上臂肌肉也倒退回二十歲左右的水準。

不只如此，我還整整一個月沒喝酒、也沒吃宵夜；雖然也可說是戰時壓力導致食欲不振，但真正的理由還是很不想上廁所的緣故。話雖如此，畢竟這裡還是歐洲，儘管是戰時，不管大號或小號，也還不到無處解決的地步。事實上，我就常看到烏克蘭民眾站在路邊小便——不過路邊大便倒是沒見過啦！在日本，差不多也是這樣子吧。不同的是，在這裡，如果跑到草叢裡解決的話，搞不好會一腳踏進雷區當中就是了……

地雷並不只是俄軍的專利，烏軍當然也會在草叢中設置它們。這是為了防備俄軍再次侵略，特別是在靠近國境一帶更是如此。

巴士在我們先前從郊外進入城鎮的幹線上停了下來，這裡跟今天早上的集合場所——雷索法站周邊一樣，聚集著待命的媒體車輛。為什麼七小時前經過的時候，我居然沒注意到這點呢？不知道是以巴士站為集合點、還是以旁邊烏軍的一五二公厘自走砲為目標，總之我們的斯柯達也在那裡。看樣子就像那兩人說的，他們從鎮上的熟人那裡，弄到了二十公升汽油。雖然二十公升的量很勉強，讓人不免憂心，但我還是想試著相信他們——然而，我太天真了。

若是和來時一樣花費將近五小時，那我們抵達基輔的時候，毫無疑問會超過宵禁令開始的晚上九點。正因如此，一旦我們跟前導警車脫隊的話，那可就要命了！不過，這次和來時不同，或許是馬克西姆的關照吧，我們被安排在特等座，也就是前導警車的正後方。然而，這種善意會招致怎樣悲慘的結果，並非神明的在下宮嶋，這時還無從得知。

墜落深淵

如果讓杜馬坐在旁邊，又會講話講到忘我，所以回程的路上，由我坐鎮在副駕駛座上。雖然車窗只能從駕駛座控制開關，即使還是可以聽到他在後面不停說話，但已經比之前好很多了。

可是，前導警車一邊以幾乎要引發交通事故的速度奔馳，一邊巧妙避開砲擊所造成的坑洞和路障，稱之為狂奔猛進毫不誇張，因此這輛斯柯達要是沒跟上，就代表後面跟著行動的整個車隊，都會和我們一起脫隊。這輛斯柯達是排檔桿置中、四段變速的手排車，並不是引擎能夠發出很大馬力的車子，但現在車上卻裝了四名成年壯漢，還有四件沉重的防彈背心，而且還用讓人懷疑二十公升燃料到底夠不夠的高速在不斷奔馳。

每當我們經過途中架在傑斯納河上的橋——正確說是被破壞、坑坑洞洞的橋，接受檢查時，和我們一樣屬於斯柯達的警車，就會鳴著警笛，率領媒體車隊從一般車輛與當地車輛間穿梭而過。在這時候，前導警車就會為守衛檢查哨的士兵，遞上一份剛剛從切爾尼戈夫市弄回來的披薩。原來如此，剛才買到堆積如山的披薩，是為了給冒雨持續檢查的同僚們而準備的啊！儘管隔著擋風玻璃，坐在前座的我還是拍下了這個讓人感動的景象。

緊接著，我們來到了一座完全崩壞、只架了兩片寬一公尺左右板子的「橋」前[3]。或許是因為下雨泥濘容易打滑的緣故吧，車子踏上便橋金屬板的時候，不只滑不溜丟，還發出意想不到的悲鳴聲。

確實，正下方的河谷很深，橋面容易打滑，但開過去這件事，本身應該沒有那麼困難才對，畢竟寬度還是有一公尺，只是在視覺上相當恐怖就是了。我們一邊滑溜溜，一邊慢慢前進。

「嗯？注意啊！注意啊！納普拉巴（往右）！」

車子開始往左偏移，接著愈來愈往左傾。

「往右……！」

應該是完全沒有注意到吧！只見坐在左邊、應該負責駕駛的安德烈，轉過頭來——

「你在幹什麼啊！！！！！！」

這傢伙原本應該專心注視前方、雙手緊握方向盤才對，結果卻一邊用手機在拍影片，一邊看著畫面！再說一次，這輛斯柯達是排檔桿置中的手排車，要是右手握著手機的話，就沒辦法換檔；不，就算是自排車，要渡過這座糟糕的「橋」，一邊拍動態也是絕對不行的啊！而且他還一邊在開車，就連平常的路也不能這樣幹啊！

「碰鏘！」

一陣彷彿被巡弋飛彈直接從旁邊打中般的衝擊席捲而來，雖然只是兩秒鐘，感覺卻像過了三分鐘。這段時間儘管一直尖叫，但安德烈的眼睛還是沒離開手機。

斯柯達似乎一邊往右迴轉，一邊落入谷底了……原本就要發生這樣的狀況，但剛好車子右側卡住了「橋」的一端，讓墜落之勢停了下來。

3 編註：是軍規的便橋。

超合適的攝影對象

當然，我們又是慘叫聲四起。

然而，儘管都到了這種地步、遭受了這樣的衝擊，安德烈的右手還是緊緊握著那支手機。

「嘰、嘰……」

只靠一邊的車身頂著，這輛車子就算立刻墜落谷底，也完全不會奇怪。

「趕快出去！」我戳了安德烈一下，只聽他用細不可聞的聲音，說了聲「Sorry」。

我們原本打算打開車門，從左邊脫困，但車門很重，一時無法順利打開。最後，安德烈和綿井先生終於從幾乎已經快到頭頂上的右側兩邊車門爬了出去；這一瞬間重心往右，車子更往右傾斜了。

「把你的手借我！」

靠著先出去的安德烈伸手過來，我終於也爬出了斯柯達。

「……」

幸好沒有掉下去，幸好我還活著。

簡直就是「印第安那瓊斯」的世界。

斯柯達幾乎就只是在「橋」的中央，靠著一邊懸空的側邊停了下來。

「不行！」

在我們後面還有將近二十輛同業的車子，以及塞車中的車陣，正等著渡過這座「橋」。他們就這樣，守在「橋」的兩側。

糟糕了……這樣下去，今天就不可能回到基輔了。這座靠不住的「橋」，既不可能讓吊車開上來，重機械也不會來到這樣的森林之中吧！因為有宵禁令，路上的村落也必須等到天亮才能行動。把將近兩百名同業一起拖下水，只因為一個人、不，兩個人的愚蠢……

「怎麼啦？怎麼啦？」「什麼事？發生了什麼事？」

拿著照相機的同業，從後續的車輛中陸陸續續集結過來。就是這麼一回事；發出這麼巨大的聲響，正好為同業提供了絕佳的報導題材。不只如此，還造成了很大的困擾——

「Don't shoot!（不許拍！）」

軍民合力，將我們千鈞一髮、差點掉下谷底的座車搶救出來。

或許是因為靠近檢查哨的緣故，又或許是因為橋本身就屬於戰略要地的緣故，內政部的赫拉先科先生臉色大變，連忙制止同業的行動，但是就連赫拉先科先生自己，似乎也緊緊握著手機在拍照。

安德烈只是表情木然，呆呆佇立在一旁。

實在是太慘了、也太丟臉了。不只造成好幾百名同業與無關民眾的困擾，更讓大家直皺眉頭。如果身邊有個洞，我真想一頭鑽進去，但不管怎麼說，眼下的當務之急，就是排除這輛礙事的斯柯達。

現在是戰時，不知何時俄軍或許會再次攻過來。在擔任前導的警官呼喊下，塞車中的眾人、負責「橋」警戒、身強體壯的軍人們，陸陸續續集結過來。沒過多久，他們就把斯柯達給拉上來，讓右側的兩個輪子重新回到路面，接著便一邊操作方向盤，一邊從後面把它推出了「橋」。

斯柯達因為墜落的衝擊，右側兩個輪子都爆胎了。不，就算它還能自力行駛，我也絕不想在這個笨蛋開車下行駛超過一百公里以上。

意外的同行者

將堵住「橋」的障礙物排除後，後續的同業車輛立刻緊跟上來。馬克西姆為了不讓後續車輛發生事故，也開始進行指揮。

「茂樹！你沒受傷吧？」

「我沒事。造成大家困擾，真的非常抱歉……」

「有什麼好介意的呢？」

「……」

被他這樣一講，我反而沒辦法把自己的真實心聲說出口了。老實說，大家真該對我狂吼亂罵一頓才對的……

我和綿井先生一起從被拉上來的斯柯達後車廂中，將防彈背心、頭盔等裝備一一搬出來。既然不再搭這輛車了，那就得仔細確認沒有遺落的東西。安德烈從空蕩蕩的後車廂中拿出備胎，開始換車胎，但這輛車爆了兩個輪胎，暫時應該不可能行駛了。大概是發現了這點吧，只見馬克西姆對著渡「橋」結束的車輛，一一開口詢問說：

「車上有沒有空間，還可以搭載這兩個日本人？」

「到基輔就好，就算只載一個人也沒關係，有人可以載他們嗎？」

一輛白色 RV 車停了下來，是輛前座只載兩人的中型掀背車。

「如果只是一個人的話……」

「感謝之至！那茂樹，你先上吧！」

後續的 BMW 車似乎也有空間。我看見綿井先生上了車，馬克西姆目送我們離開，也跟著搭上自己的車開始動身。

「感謝之至！造成困擾實在抱歉！我是日本攝影師宮嶋，萬事拜託了……」

「哪裡，哪裡！讓你搭韓國車，我才要說不好意思呢！」

「咦？」

我定睛一看，在左側駕駛座的方向盤中央，有個和本田非常相似的H標誌。這是現代車廠的「聖塔菲」，車況相當新。這時候不管韓國車、中國車還是捷克車，怎麼樣都好，而且它和斯柯達不同，噪音很低，搭起來非常舒適。然而，對方既知道日本人幾乎不搭韓國車，又開門見山地說：「我知道你是日本人」，所以應該是相當「博學多聞」的新聞工作者吧！

坐在副駕駛座上的中年同業，是芬蘭人勞理．伊爾塔（Rauli Virtanen）年先生，緊握方向盤的，則是當地烏克蘭出身的奧雷斯托夫先生（Orest Zub）。我後來才知道，這兩位其實相當有名。伊爾塔年先生不只走遍戰地，還是造訪過地球上所有國家的唯一一人，比不久前過世的兼高香女士還要厲害。奧雷托夫先生也造訪過一百二十八個國家。大概因為是這麼著名的新聞記者一起行動，所以儘管開的是韓國車，卻是接近全新的車輛。看樣子，他們背後一定有相當能幹、屬於烏克蘭特有的「Fixer」[4]吧！

自我介紹結束後，伊爾塔年先生打開了車內燈，開始擺弄起小型攝影機：

「那麼，我們來談談剛剛的事情吧！」

「咦？要開始訪談嗎？」

這也是沒辦法的事。只是，我無論如何都不能把「司機拿著手機在拍即時動態」的真相傳出去。其他像是這時候害不害怕、到過哪裡採訪等，倒是都被問到了。當我提及「二〇〇三年在巴格達，美軍戰車砲擊造成烏克蘭記者死亡時，我在附近，」這件事時，他似乎有點驚訝。

哎，總之漫長的訪談又繼續下去。畢竟，本來就不能只單方面接受同業溫暖親切的協助嘛！

「謝謝你，不好意思只有餅乾，請用吧！」

「真是非常感謝！從早上到現在，我什麼也沒……」

謝禮是啤酒

回去的路上，我們並沒有回到九十五號高速公路上，而是沿著六十九號公路筆直南下。這大概是警車想在晚上九點宵禁令前返抵基輔而做出的考量吧！特別是路上又被那兩個笨蛋，出乎意料地白白浪費了時間。不過那兩個笨蛋，接下去會怎樣呢……？

我聽說六十九號公路在基輔附近，是屬於軍方專用的，而且它有通過伊爾平，橋樑照理說也是處於毀壞狀態。但大概是因為時值夜晚，我們不會看到什麼不該看的東西，所以烏方才會放心讓我們走這條路吧！沿路盤查只有兩次，從森林的縫隙間，可以看到大量軍用車輛集結，不過當然是絕不能拍攝的。

我們去的時候花了五小時，但回到基輔市區只花了三小時不到。雖然最後還是比宵禁時間九點晚了十分鐘，但總算是毫無障礙地回到了首都。儘管從那座「橋」上掉下去的時候，我已經做好了在那裡待到第二天破曉的覺悟，但無論如何，現在還是成功回來了。我

4 譯註：指的是協助新聞記者的當地人員。

無從得知那兩人後續怎樣，不過綿井先生應該也已經搭乘其他車輛，回到基輔才對。

「你的飯店在哪裡？」

「斯卡洛夫特飯店，兩位呢？」

「在獨立廣場附近，那間飯店離這裡近嗎？」

「如果是這樣的話，那確實很近。就在艾斯普拉納達大街（Esplanadna Street）上，總統府再過去一點的地方。非常謝謝兩位，我該怎麼致謝才好呢？」

如果說要提供金錢報酬的話，對這麼出名的記者應該很失禮吧！然而，他們兩位卻露出了有點為難的神色：

「事實上，昨晚我們飯店的啤酒都喝完了……斯卡洛夫特的酒吧有營業嗎？」什麼嘛，原來是這樣一回事啊！

「飲酒解禁以來，應該都會開到晚上十點，你們想要幾瓶？」

「有三瓶的話就……」

「小事一樁啦！」（當然是在酒吧還開著、而且啤酒還有剩的狀況下。）

晚上九點二十分，聖塔菲車子平安抵達了斯卡洛夫特。我連喘口氣的空檔都沒有，就一路衝進了一樓的酒吧。酒保還是老樣子，在那裡歡迎我。禁酒令解除就是有這個好處；雖然量不多，於是我點了海尼根和其他兩瓶啤酒，跟酒保記帳之後，便雙手拎著它們衝出了門。聖塔菲車子還好好地在那裡等我。

「裡面還有一些，要不要……」

「沒關係，這樣就夠了！」揮手道別後，我目送聖塔菲車子遠去。

不過，事情還沒結束。我沒回房間，直接衝向三樓的餐廳。

（太好了，還來得及最後點餐！雖然是三百荷林夫納〔一千兩百日圓〕，而且每天照舊的自助餐，但還能吃！）

在烏克蘭最危險的一日

綿井先生用 messenger 跟我取得了聯絡。他說，因為晚上九點的宵禁令開始之故，自己在檢查哨被擋住了，所以拜託我外帶晚餐給他。

晚上十點，今天也平安無事……雖然在這種狀況下很難這樣說，不過我還是回到了基輔。酒吧還開著，聽說今晚開始會營業到晚上十一點。被檢查哨攔住的綿井先生也回來了，我們在酒吧會合。我壓抑住當場就想大罵那兩人的衝動，對綿井先生說：「今晚就由我作東吧！」然後便付了包括芬蘭人在內、一共五瓶啤酒的酒錢，回到了房間。這樣也好，畢竟現在杜馬還是綿井先生的通譯，而且必須聯繫、必須進行的事情還多如山積。

事後來看，我在烏克蘭曾經渡過無數危險的橋樑，但今天的這座橋，毫無疑問是最糟糕的。那兩人在那之後拋下了斯柯達，回到切爾尼戈夫，在第二天弄到了輪胎，回到了「橋」邊。杜馬抵達了基輔，但安德烈後來怎麼了，我則無從得知。

雖然杜馬不黯英語，但當他得知一天四百美元、為期兩週的契約期滿過後，綿井先生不會跟他續約時，當場口吐惡言、兇態畢露。即使如此，綿井先生還是出言維護杜馬，說他「也有家庭要顧、相當辛苦」。不過，當綿井先生得知下一位通譯是女性，英語流暢，而且車錢只要不到杜馬一半的時候，還是不由得大喜。

後天綿井先生會前往馬卡里夫市（Makariv）採訪，屆時不用說，自然是兩輛車一起出發了。

第七章 戰場的實況

從東京到基輔，若是經由平常的途徑，最快大概只要十六小時，然而當開戰——更正確說是侵略開始、城鎮逐步遭到敵人包圍後，就得花上超過十天的行程。我在三月初從東京出發，抵達基輔是在三月十二日，當然遠遠稱不上是一段舒適、安全的旅途。

祖國興亡在此一戰

若是不曾來到這裡，我就沒辦法拍攝這場或許會成為第三次世界大戰導火線、二十一世紀最惡劣的悲劇。身處此地，我所遭遇、所目睹的，是不親身經歷就無法得知，烏克蘭人無人可及的奮戰過程。

若是ＮＨＫ（日本放送協會）不去的話，就由在下宮嶋跑這一趟吧！如果大報社的記者大人不肯移駕，就由我這個雜誌攝影師代勞吧！現在正是面向同樣奪走國家領土的俄羅斯這個大敵、展現日本人氣概的時候啦！

自二月二十四日侵略者大舉入侵以來，烏克蘭國民在大約一個月的時間中，讓深愛的家人逃往安全的西部與國外，至於留在首都的男女老幼，則全都做好了抗戰到底的覺悟。在這當中也有不少人明明身在國外，卻特地歸國奮戰。每一個人都全心全意，相信勝利必將到來。

就這樣，基輔化為一座要塞都市。每條大街小巷都安置了路障和反戰車拒馬，到處都築起了碉堡。一個廣場又一個廣場埋下了地雷，一個家庭又一個家庭被分配到武器。說來毫不誇張，就連在下宮嶋目前暫時棲身的飯店裡，也擠滿了全身最新式武器裝備的小哥們。出於職業性習慣，我忍不住拿起照相機，要對準這些路障和武裝小哥拍照，但被周圍的人一臉嚴肅地制止了。每一個人都認真地說，「不能拍，搞不好會讓敵人察知我們的裝備與防禦狀況！」

即使如此，南部、東部的城鎮還是有部分落入敵軍手中。但，就算這樣、就算這樣，只有首都，絕對要堅守到底。那些耽溺於和平的律師和名記者或許很難相信，但在基輔市內，就算距離空襲現場近在咫尺的超市，也還是照常營業。超市的架上雖然禁止賣酒，但擺滿了新鮮的蔬菜和肉類，而且完全看不見哄抬物價的狀況。幾乎所有地區的水電瓦斯都還是正常供應，甚至網路也可以毫無問題地連線。就算是現在，我也仍持續在用網路傳送稿子。不只如此，雖然營業的加油站數量不多，且有一次限加二十公升的限制，但汽油仍然按定價販賣。烏克蘭人不只在戰鬥方面相當游刃有餘，在鬥志上也相當高昂。

普丁、不，俄羅斯人在上歷史課的時候，大概沒有上到日俄戰爭這一章吧！

澤倫斯基總統在日本國會進行演說

在下宮嶋現在仍在基輔市內，過著時時擔心俄軍空襲的日子。三月十八日，日本東北地方再次爆發大地震的消息，傳到了基輔這裡。

我感到不安，也感到憂心。比起被俄軍包圍、搞不好明天就會在總攻擊中，化為侵略者戰車履帶下鐵鏽的恐懼，東北民眾再次體會到的海嘯恐怖，應該遠比這種恐懼更深刻吧！那三位身亡的民眾，應該也不曾想像過自己竟會在十一年後，被捲入這樣的不幸中吧！

也就在這座基輔城中，雖然不知會不會在近在飯店咫尺處的總統府舉行，不過總統府的主人——澤倫斯基總統，將在二十三日用遠距視訊的方式，向遠在千里之外的日本國會發表演說，此事已經蔚為話題。

雖然有點不好意思，不過在下宮嶋恰巧因在此時抵達此地，所以承蒙烏克蘭人教了我許多。相較於此，那些在國內的人不懂戰爭和海嘯的不安，只是一味貪圖和平的惰眠，還不斷嚷嚷著「為什麼（烏克蘭人）明知會輸，還不早點投降？」、「我們強烈反對讓戰爭當事者來國會演說」之類話語，完全不了解民族氣概與愛國心。

和自稱名記者的那些人不同，攝影師必須直接面對當地的烏克蘭人。因此，請讓我大膽說一句：烏克蘭人絕對辦得到。儘管會歷經無數曲折，但他們最後一定會贏得勝利。

在下宮嶋因為是戰後出生，所以當然對前一次大戰一無所知。儘管如此，我還是從書籍還有各式各樣載體中，學到了很多東西。不只如此，我也親眼目睹了近代的戰爭。

二〇〇三年伊拉克戰爭時，在海珊政權下的巴格達，不管是號稱精銳的共和衛隊、民兵還是民眾，在我們的相機前，全都擺出一副意氣昂揚，高喊：「要為海珊獻出最後一滴血」、「一步都不讓敵人踏上伊斯蘭聖地」的模樣，但實際展現出來的，又是怎樣一副弱雞德行呢？言必稱百戰百勝大將軍、偉大領袖的獨裁國家北韓，到了實際有事的時候，大概也會一下子土崩瓦解吧！

但是，澤倫斯基總統是投票選出的，在這裡沒有任何一個國民，會高喊：「為總統而戰」。

即使婦女孩童安全逃往國外，剩下的男女老幼也都是在自己的意志下，拿起槍來作戰。就算是無法使用武器的人，也會用其他方法，為戰勝無償提供自己的技術與勞力。這不是像北韓一樣強迫要求，而是自主自發的。即使被那個把殺戮當成家常便飯、率領特種部隊，全世界最冷血的男人鎖定，他們還是不打算逃離首都。

澤倫斯基總統在上週的美國國會演說中，將九一一恐怖攻擊與僅以軍事設施為目標的珍珠港事變等同並列，結果引發了批判。關於這點，其實我也大吃一驚，忍不住吐槽說：「事情不是這樣的吧！」不過這樣的誤解等到戰爭結束後，再慢慢解釋也還不遲。

不，其實總統搞不好知道真相，但為了得到美國人的支持，還是得這樣說。這位總統，現在就位在僅僅十五公里外的地方。要是他落入敵人手上，毫無疑問絕對會喪命。不，在那之前，他大概會被拷問到遍體鱗傷，要他對著國民，說出完全違背自己良心的話吧！他就是這樣每天繃緊神經，處在不是殺人就是被殺的深度緊張之中吧。既然如此，對於化解珍珠港攻擊說的誤解，就算是容後處理，又有何妨呢？

不只如此，我來這裡之後注意到一件事，那就是一般烏克蘭人其實滿親日的。之所以如此，或許是因為日本是唯一一度戰勝此刻正在蹂躪這片大地的大國——俄羅斯的國家，所以萌生出某種親近感吧！不只如此，當他們知道我是現在續留此地的五十位日本人之一時，也有很多人主動跟我握手，還低聲說：「庫里爾，克里米亞」。

就是這樣，就領土被不當奪走這點來說，俄羅斯是日本與烏克蘭雙方共同的敵人。不只如此，他們還會偷偷問我：「日本何時會把庫里爾奪回？」我也只能無奈聳肩。

在這之後我得到了消息，澤倫斯基總統在日本國會的遠距演說，平安無事結束了。

戰爭的副作用

雖然不用多說，不過在戰爭中，車輛是不可或缺的一部分。兩者合在一起，就是所謂的「戰車」。科學與車輛的技術，每當戰爭就會有所進展，這也是眼前就發生的事實。

所謂戰車，其實可以回溯到古羅馬時代。昭和出生的各位，應該都還有記憶吧！由卻爾登・希斯頓（Charlton Heston）主演的史詩鉅作《賓漢》（*Ben-Hur*），最高潮中登場的四駕馬車，據說就是戰車的起源。

時光流逝，現在的鋼鐵馬車不要說四匹馬，根本已經變化成擁有數萬匹馬力的車輛了。「惡意不存在於武器本身，而是存在於使用的人心中」；雖然這是科學家玩弄的詭辯，但站在實際的戰場上，真的能夠切身體會到這種感受。當戰車進步時，與之對抗的武器也跟著進步，這正是「矛盾」的語源。若以這次的戰況來說，所謂「進步的對抗武器」，就是反戰車飛彈了。

這次，在下宮嶋在戰場上，親眼目睹了兩方大量的車輛：被拋棄在路旁、任其生鏽的俄軍戰車與裝甲車，以及遭到俄軍車輛輾壓，狀況悽慘的烏克蘭民用車。這全都是車輛進化後的結果吧！

烏克蘭遭到單方面的突然侵略，其國土此刻正遭到俄軍戰車蹂躪。不知何時，我們日本列島說不定也會遭到俄羅斯、中國、北韓這些敵人的戰車登陸，因此對戰車深入了解，其實有益無害。當然，這些知識最好永遠都派不上用場，但就現在的狀況而言，我們不能不說，在不久的將來，用到它的機率其實滿高的。

當今戰車的原型首次被使用在實戰上，是在第一次世界大戰期間。使用這輛稱作「I型」（MK I）戰車的，是和日本同為島國的英國。又，和戰車一樣，第一次世界大戰也成為飛機投入實戰的舞台。

戰車在地面戰鬥中扮演主角，則是下一場大戰——第二次世界大戰的事。在這場大戰中，德國的虎式、豹式，美國的雪曼、蘇聯的T－34等創造歷史的知名戰車陸續登場。

可是，出乎意料的是，很少人知道，蘇聯在T－34之前的知名戰車，全部都是使用汽油引擎。因為是汽油引擎，所以一旦中彈，自然很容易起火燃燒。

被單兵反戰車飛彈「標槍」破壞，暴露在外的俄軍戰車。不知是誰在它的砲口上，戴上了一頂俄軍的皮帽（shapka）。

也正因如此，大戰初期的時候，蘇聯戰車在芬蘭戰役、也就是所謂「冬季戰爭」中，往往只消一瓶火焰瓶就遭受重創。大概是從這次失敗中學到了教訓吧，從T－34戰車開始，蘇軍的戰車就都改成了柴油引擎，結果這些戰車擊破了德國的虎式戰車，留下「帶領祖國走向勝利」的美談；哎，總之事情就是這樣吧！

相較之下，不管戰前、戰中、戰後，直到現代，始終使用柴油引擎的，就只有日本而已。現在陸上自衛隊的主力戰車——10式戰車，當然也是柴油引擎。在這層意義上，日本也可以稱得上是戰車先進國了。但是，也有些人對柴油引擎感到無法滿足，那就是開始自命為世界警察的美國，以及與之對抗的當時蘇聯。

（無論如何都要讓戰車和飛機一樣，搭載上燃氣渦輪引擎才行！）

這樣想法的結果，就是直到現在仍為美軍唯一主力的戰車——M1艾布蘭戰車。當然，它有著價格高昂、難以現場維修的缺點，但它的瞬間爆發力、戰力、以及不會冒黑煙的特性，在整個波灣戰爭和伊拉克戰爭期間，在實戰上完全凌駕了伊拉克那些裝備柴油引擎的蘇聯／俄羅斯製戰車。於是蘇聯也緊追在後，開發了同樣搭載燃氣渦輪引擎的T－80戰車，但是因為這種車太難伺候，所以沒有投入實戰[1]，現在就只有在紅場閱兵時候出來露露臉的程度罷了。

不只是動力，東西兩陣營都認知到戰車的敵人只有戰車，所以為了提升彈速，儘管主砲有一二〇公厘和一二五公厘的些微差異，但在使用了滑膛砲、自動裝填，不論

1　譯註：數量雖然不多，但T－80確實曾投入實戰，包括車臣戰爭以及這次的俄烏戰爭。

戰車本身的位置如何，射擊角度都能夠克服，越過目標也可以持續攻擊，在射程內幾乎百發百中。

在這種狀況下，先發現敵人就是壓倒性的優勢、不，應該說是必勝之法。反之，若是落後就等於敗北，也就等於死亡。而現在，攻擊直升機對戰車的威脅，又可說是壓倒性的提升。

但這裡是烏克蘭，實戰跟沙盤推演完全不是同一回事。

烏克蘭的天空雖然現在還不算完全落入俄羅斯手中，但大致是被俄軍所掌握。在入侵第一天，烏軍的對空雷達就有多座遭到破壞，處於壓倒性不利的狀態中。

但是，北約各國提供了他們足以扭轉這種不利的新兵器，那就是肩射「刺針」（Stinger）地對空飛彈，與「標槍」（Javelin）反戰車飛彈。其中，刺針飛彈在阿富汗的實戰中，已經證明了它的戰力。據說俄軍直升機一聽到「阿富汗的惡夢」，就嚇得皮皮挫，不敢輕易起飛。

再來就是「標槍」。

這是一種由美國洛克希德・馬丁（Lockheed Martin）與雷神公司（Raytheon

Company）合作開發的飛彈，若是裝在三腳架上，射程可達四千公尺，如果由士兵扛在肩上射擊，射程也有兩千五百公尺，和這次侵略軍主要爪牙T－72的主砲射程相當。但差別之處在於，因為它是紅外線成像導引的，所以鎖定目標、按下扳機後，不管目標怎麼行動，飛彈都會自動追尾，從上空刺進戰車上部，並在車內發出高熱，把砲塔整個炸飛。至於戰車中的人，那當然是沒救了。

對烏克蘭來說，標槍飛彈是首都的守護神，對俄羅斯來說，則是恐怖的象徵。要衝進有好幾百枚標槍飛彈等著的首都基輔，就算是總統的命令，俄軍也是敬謝不敏、逃之夭夭吧！

可是，T－72戰車與標槍飛彈，都是人做出來的產物。接下來應該會有能抵禦標槍飛彈的戰車登場，然後又出現能夠擊破這種戰車的飛彈。這正是矛盾的輪迴。不需要這種戰車與兵器的世界……這天恐怕永遠也不會到來吧。

人類的命運，就是要在未來無盡的歲月中，持續在這種矛盾裡打滾。哎，就是這麼一回事吧！即使有一邊渴望和平，但對方並不會這麼想。就算對方其實並不想戰鬥，但只要他們覺得：「如果被侵略的話，自己或許會很慘」，那就必須準備武器。至今尚未有其他辦法能夠防止侵略。

為了即使這一天降臨，也能把損害減到最低，有必要強化與友好國家的同盟。然而，這也不過是如同開車的時候，做好投保保險的程度罷了。

戰車墳場

舊約聖經時代大衛對歌利亞的戰事，甚至日俄戰爭，都證明了驕傲且野蠻的大國軍隊，未必總是常勝不敗。

雖然已經年屆六十，不過在下宮嶋也曾目睹過阿富汗之類的景象。沒錯，在我有生之年，曾經親臨現場，看過氣勢洶洶的現役戰車，瞬間化為殘骸廢鐵……那正是所謂的戰車墳場。俄軍不只從首都基輔的北部和東部，更悄悄調兵遣將，企圖從西部包抄而來。

在基輔西邊三十公里處的四十號公路上，棄置著俄軍戰車、裝甲車等軍用車輛的焦黑殘骸，綿延不絕。不只如此，還有被這些俄軍戰車所踐踏、化為履帶下殘跡的烏克蘭民用車，也零零星星、四處散落，看上去簡直就像是被頑童恣意破壞過的玩具一般。

不只如此，在俄軍車輛旁邊或車內，也遺留著俄軍的遺體，簡直就像是刻意示眾似地任其腐化。從這些屍體可以窺見，俄軍是倉皇逃離的。但是……把戰友的屍體就這樣丟棄在敵境，自顧自地逃跑……這還算是軍隊嗎？俄軍的士氣，居然已經低到了這種地步。

話題回到標槍飛彈上吧。這種一發三千萬日圓、只要一名士兵就可以輕易搬運的肩射飛彈發射系統，實在相當厲害。

同樣是反戰車武器，俄羅斯也有自己開發的ＲＰＧ－７，但那只是所謂的火箭彈罷了。標槍飛彈一旦瞄準、扣下扳機，就會自動追蹤最遠四千公尺外的敵戰車與車輛。當它最後貼近目標戰車時會急速上升，從戰車最大的弱點——上部垂直落下，在車內發出數千度高溫的火焰，將戰車的砲塔炸飛。至於當中的乘組員，那當然是沒救了。這種高溫能夠將鐵以外的銅、鋁等金屬零件，全都一下子融化成液體。

話說回來，俄羅斯戰車其實都裝有反應裝甲，也就是戰車外面看起來像是便當盒或磚頭般、長方形凹凸不平的東西。裡面塞有炸藥，是一種可以讓標槍等反戰車飛彈或砲彈威力減半的裝甲，但是……裡面居然是空的。我看到的這些裝甲，裡面什麼都沒有。難道這些東西只是裝飾品嗎？這樣士氣根本不可能提升嘛！可我在烏克蘭，卻真真切切目睹了這樣的景象。

作為這種士氣低落象徵的，就是連日被公諸於世、俄軍將士清清楚楚犯下的戰爭罪行。話說回來，無故發兵侵略鄰國，還對民眾進行無差別轟炸，本身已經是相當惡意的違反國際條約了，現在還加上恐怖的大屠殺、拷問、強姦，以及總統的核威嚇……

從這種獨裁者、邪惡化身、以大量殺人為樂的普丁前鋒眼下守住烏克蘭首都的，就是刺針與標槍飛彈。

哎，總之首都的危機似乎暫時過去了……目前看起來似乎是這樣的。

在基輔，市民也開始漸漸從西部城鎮，以及波蘭、捷克等外國回歸，恢復日常的生活。

但是在馬立波、卡爾可夫等地，俄軍仍在持續屠殺烏克蘭人民。

趁我還沒有忘記之前，我想在這裡說一兩句話：在下宮嶋一直用「獵物」或「野蠻人」之類一點都不漂亮的語彙，來描述俄軍的行為，這樣真的好嗎？對此我得說，我完全沒有打算用「人的性命比地球更重要」、「俄羅斯人和日本人的性命一樣，都是人命」這種華麗的詞藻來進行描述。

拿著武器闖進他人家中、殺害家人的傢伙就是野蠻人。這樣的傢伙就算反過來遭被害者或其家屬反殺，也是沒辦法的事，即使是受到獨裁者命令也是如此。

不管是烏克蘭人還是日本人，都絕不可輕忽大意。下一次，搞不好就沒有標槍幫忙防禦了。

真正的強者是一片肅然

「咻！」

跟戰爭電影一樣，耳邊傳來砲彈撕裂空氣的聲音。

緊接著，搖撼大地的爆炸聲，輕易地將人的勇氣與理性驅散殆盡。

中彈時，立體停車場的車輛把衝擊誤認為竊盜事件，一齊響起警報聲，這時我才驟然回過神來。

說到火砲實彈射擊，我在自衛隊演習中曾親身見習過好幾次，也曾確切領受到衝擊波近在咫尺的感覺。可是，那都是朝著數公里外目標射擊的情況，而且目標都是紙或木板。在基輔這裡，從數十公里乃至數公里外射來的，都是呼嘯而至的飛彈，而且目標也不是紙或木頭，而是降臨在活生生的人們頭上。

每當飛彈襲來的時候，就會有人死傷。儘管如此，開戰經過一個月後，基輔市民似乎已經對此習以為常了。敵方的攻擊在他們感覺起來，不過就是每天早上鬧鐘般罷了。

時序進入三月時，這座擁有大約三百五十萬人口的首都，有半數居民已經安全逃往西部或國外，剩下大約兩百萬人。

就算這兩百萬人戰到剩下二十萬人、城市化為焦土，市民也絲毫沒有將首都讓給俄羅斯人的意思。不分男女老幼，此刻全都對勝利深信不疑，打算全體奮戰到底。之後，他們漸漸增強了對包圍城市敵人的反擊力度，開始把對方推回去。敵人在發動侵略一個月後，終於體會到烏克蘭人的覺悟，開始膽顫心驚地往後撤退。

真正的強者，是靜靜把鬥志隱藏在心裡的。

但基輔畢竟不是莫斯科，所以我們得知的，並不只是每天重創多少艘敵艦、又打下多少架敵機，這種讓人意氣昂揚的新聞而已。

馬立波有一座包含孩童在內、市民聚集避難的劇場遭到飛彈襲擊，造成三百人死亡。在赫爾松州，數以千計的烏克蘭國民正在被趁亂綁走。

即使這種令人不忍的訊息傳到首都，市民的表情還是完全看不到放棄與絕望感。

「為了遭殺害的馬立波市民，我們要討伐那些敵人！」

「俄軍在我們的故鄉、卡爾可夫殺戮，這個仇非報不可！」

在他們身上，反而看到了憤怒與堅定的報復決心。

當我看著他們戰鬥的此刻，憂慮的卻是我國。一旦日本被擁有核武的中、俄、北韓蹂躪、東京被包圍的時候，岸田首相能夠像澤倫斯基總統這樣，直到最後的最後都堅守首都，抱持作戰覺悟嗎？

若是機場或港口落入敵手，和烏克蘭不同，身處島國的我們毫無逃離手段。我在遙遠的烏克蘭，卻過著憂慮祖國的每一天。

被拋棄在戰車旁的俄軍屍體。把戰友的屍體拋下，俄軍的士氣低落可見一斑。

遭屠殺的布查市民遺體被放進屍袋，運往安置所。

戰爭犯罪

在下宮嶋和記者參訪團，一同前往從俄軍手中奪回之後，發現許多民眾遺體、被指為遭俄軍大屠殺的城鎮——布查。

但是啊，各位相信嗎？

在參訪團當中，居然連一個日本記者都沒有。那些平時總是慷慨激昂，高喊「和平、人權」的電視台記者，連一個都沒有見到。這是在搞什麼啊？

這次去布查採訪，並非「潛入」或是「獨家」。

這可是記者參訪團啊！是只要想去，不論國籍都可以參加，而且還是去大屠殺的現場採訪——

這麼明顯的重大戰爭犯罪，難道沒有「調查」的必要嗎？

這可是沒多久之前，才發生重大反人道罪行的場所啊！

在下宮嶋曾經前往無數的戰場採訪，但這次布查的慘狀，讓我真的完全說不出話。

這就是戰爭啊！

遭到無差別轟炸後的博羅江卡市。攻擊機投下的炸彈，遠比砲彈破壞力更大。

不要忽視啊！

這就是祖國被侵略的活的樣子啊！

對方是不會遵守日本憲法的啊！

無差別轟炸

這是博羅江卡（Borodianka）遭到無差別轟炸後的景象！各位看啊，這種破壞力！僅僅一發，就把公寓、大樓整個炸飛，籠罩在火焰之中。這座城市曾經遭到俄軍地面部隊入侵，不過之後撤

即使現在，仍然在廢墟殘骸下陸續發現遺體。

退了。大概是覺得沒有友軍就無所謂吧，俄軍簡直就像是惡意為之一般，對這座城鎮投下如雨的炸彈。

這和戰略、理論都無關，純粹只是愉悅殺人而已。

俄軍在這裡毫無疑問也有過野蠻行動，不過關於大規模屠殺、刑求民眾的證據，現在還只侷限在布查。

然而，俄軍在博羅江卡的「無差別轟炸」，毫無疑問也是「大規模屠殺民眾」，是違反了國際條約的戰爭犯罪。

都已經這樣明確了，在遙遠的國內，居然還有人說這是烏克蘭捏造的訊息、死抱著陰謀論不放。那些人何不到現場親眼看看呢！

和布查一樣，這天參與博羅江卡參訪團的日本報章媒體，含ＮＨＫ在內的電視台記者，也是連一個都沒有。他們對美軍誤炸伊拉克、阿富汗民眾是如此非難，對俄羅斯的無差別轟炸，卻如此地無所謂？對於博羅江卡市民的證言，怎樣都不該無視吧？

試著聞聞看那怎麼洗都洗不掉，人類肉體燃燒的氣味吧！試著讓自己全身浸染在那只要吸上一口、就會嗆咳不止的塵土與硝煙吧！看到這種景象，你們還能搬出「烏克蘭陰謀論」，質疑那些家人被害的布查與博羅江卡市民嗎？

烏克蘭現在還在戰時。我們這些記者只要稍作攝影或動作，就很容易被冠上間諜嫌疑，也會遭到暫時拘留。

特別是在檢查哨或路障，絕對不能把攝影鏡頭對準手持武器的將士或警察部隊。但對其他市民，或是參訪團遇到的軍人，則可以自由詢問。雖然旁邊會有內政部官員待命，但他們就連一次也沒有中途打斷過採訪。

俄羅斯又是怎麼一回事呢？

被允許在俄羅斯控制地區採訪的，就只有俄羅斯國營媒體和俄國記者。就算是讓外國媒體取材，只要寫下讓俄羅斯政府不滿意的報導，就有可能在總統命令下，跟莫斯科分社的人員一起被判最重十五年的刑期，甚或是遭暗殺。

與其傾聽那些既聽不到槍聲又不去戰場、自稱新聞工作者令人「動容」的意見，不如親自來看看博羅江卡的模樣吧！畢竟百聞不如一見，不是嗎？我是不清楚筆是不是真的勝於劍啦，但是照相機絕對比筆更雄辯。即便如此，那些傢伙還是要堅持俄羅斯所作所為有理嗎？

夢想與希望是奪不走的！

「穆里亞（Mrijia）」。

在烏克蘭語中，這個詞代表著「夢想、希望」，同時也是世界最大、獨一無二的運輸機「安托諾夫225（An-225）」的暱稱——原本是這樣沒錯。

六具發動機、全長八十四公尺、全寬八十八公尺，凌駕現今世界最大的客機A380

向國內外媒體公開、安托諾夫225（暱稱為「夢想號」）遭逢變故後的慘狀。

之上。「夢想號」曾經在二〇二〇年飛抵新特麗雅中部國際機場[2]，當時看起來，簡直就像巨獸一樣。

「夢想號」原本是為了將蘇聯版太空梭扛在背上進行運輸而開發出來的，因此不能不說是歷史的諷刺。但，它並不只是烏克蘭人的驕傲而已。正如文字所示，An-225是「夢想、希望」，是世界航空迷憧憬的對象、也是人類航空技術與智慧的象徵，是一架將這些事物具體呈現的著名飛機。

但，當它在基輔郊外的霍斯托梅

爾（Hostomel）貨物專用機場進行定期維修、暫時歇息之際，俄軍的侵略開始了。

二月二十四日侵略開始之後不久，「夢想號」在俄軍攻擊下機翼悽慘折斷的姿態，便被公開在國內外各媒體面前。但是，安托諾夫公司並沒有就此被打倒。他們設立了基金，在世界各地募集捐款，希望重新生產這架飛機。就像這樣，即使是殘虐的侵略者，也無法奪取烏克蘭人的「夢想」與「希望」。

挖掘出來的證據

這天，針對埋葬在布查市聖安德烈教堂內、超過四十具遺體當中的二十一具，進行了驗屍。在這當中除了兩人以外都是民眾，也就是非戰鬥員。據說，光是基輔近郊，就有三百甚至四百人以上的民眾不幸犧牲。

在下宮嶋每天都像這樣，目睹著因戰爭犯罪而犧牲的悽慘死者。在這當中甚至還

2　譯註：位在名古屋附近的機場，是日本中部地區的航空樞紐。

有孩童。唉，對有人居住的城鎮和街道投下如雨般的炸彈和砲彈，人會死去也是理所當然的。而這些死去的人幾乎都是民眾，俄方應該也很清楚才對。

當然，在下宮嶋也不會因為一直待在烏克蘭的首都，就對烏方的資訊照單全收。可是我在烏克蘭，不管是在布查還是基輔城內，到現在為止都是獨立進行採訪。相對之下，俄方是絕對不允許我等取材的。光從這一點，就可以明瞭哪邊比較可信了。

這樣一想的話，在南部、東部的激戰地帶，毫無疑問必定會有光是想到就讓人毛骨悚然的屠殺行為吧？我想這是毫無疑問的，而且接下來應當會陸續大白於天下。這是不管國際社會或日本人，都絕對無法視而不見的。

烏克蘭的忠犬八公

在下宮嶋從來沒有像如此，深切感受到攝影師的無能與無力。

「我不知道筆是不是勝於劍，但照相機絕對更勝於筆。」

對於如此狂妄宣稱的自己，我不由得感到慚愧。儘管我大肆嘲諷日本大報社、大電視台的軟弱，但我卻連帶一隻狗回去的勇氣都沒有。

接下來的內容，如果是喜歡狗的人，或許還是不要讀比較好。這是一個在網路上被稱為「烏克蘭的忠犬八公」、有點殘酷又哀傷的真實故事。現在想想，如果不去採訪或許還好些，為什麼自己要興沖沖，跑到馬卡里夫去採訪這個故事呢！在下宮嶋，實在是後悔至極。

這隻狗的名字叫做「利妮雅」，是隻九歲的母狗，血統是秋田犬。牠的飼主是住在基輔西邊八十公里處、一座名叫馬卡里夫的小鎮中——正確說是「原本」住在那裡——的主婦，名叫塔奇雅娜。塔奇雅娜的母親是俄羅斯人，丈夫在兩年前因為新冠肺炎身亡，是位新寡的寡婦。

位在馬卡里夫市中心附近的塔奇雅娜家在三月十六日，被突如其來發動侵略的俄軍當中，號稱最惡名昭彰、最殘忍的車臣兵開著裝甲車，撞破圍牆侵入。悲鳴不已的塔奇雅娜被車臣兵帶到附近的空屋，在那裡遭到強姦殺害，遺體則被棄置在那間空屋的院子裡，稍微用土掩埋起來。

大概是知道車臣兵的所作所為吧，當這些傢伙接下來侵入塔奇雅娜的鄰家，帶走一對年輕夫婦與母親，打算再行強姦的時候，被一名應該是上級部隊指揮官的布里亞特人軍官給制止了。夫人與母親獲得釋放，但丈夫還是被帶走，從此再也沒有回來，之後據說也被發現遭到殺害。

利妮雅不只在咫尺之處，親眼目睹這齣毛骨悚然的慘劇，還為了守護飼主不停狂吠，卻無力相助。從此以後，牠就一直在家門口，等著不會再回來的塔奇雅娜。

明明是狗，但牠「既不吠，也不動」。

看起來，就只是靜靜在等待死期到來而已。聽人說，就算鄰居把飼料和水放到牠身邊，牠也是一口都不吃。經過整整一個月後，牠變得瘦削、毛色全失，這天有一對來自基輔、同樣飼養秋田犬的夫妻拿著飼料要餵牠，結果牠還是一口都不吃。不難想像牠和飼主一起，遭遇到了怎樣的恐怖經歷。

雖然我們已經無從得知，利妮雅是不是因為覺得沒能幫上飼主的自己很可恥，或是感到後悔，所以才什麼都不吃。但這樣下去，牠早晚會在曾跟飼主一起度過快樂時光的這個家門口，一動也不動地餓死吧！如果這是利妮雅本身的期望，那我們所能做的，也只有靜靜守望牠而已。即使如此，這讓我再次深刻體驗到，狗這種動物對人有

被稱為「烏克蘭忠犬八公」的秋田犬利妮雅。

鄰居的貓咪前來安慰牠，
但利妮雅依舊一動也不動。

多麼忠實。

造成這場悲劇的禍首普丁，也有一隻日本送給他的秋田犬，但他絕對不會承認這個事實，而是鐵定會說：「這又是烏克蘭的自導自演」。不要說作為犯罪人的車臣惡棍了，就連這次阻擋住部分野蠻行為的布里雅特人，名字也絕不會曝光吧！畢竟，在俄軍當中，絕不會承認存在這樣的傢伙。

但，這就是被侵略的情況。當侵略的俄軍被趕回去的時候，明明應該是烏克蘭的勝利，但不管是烏克蘭還是國際社會，都無法對普丁與俄軍施予戰爭犯罪的制裁。

身為攝影師，我感到萬分無力。連一隻狗都幫助不了；我所能做的，只是讓這齣悲劇為人所知罷了。

第八章

再赴戰地

不是殺人就是被殺；勝利的話就能將祖國從敵人手裡奪回，重振國家，失敗的話就是亡國，從此成為普丁的奴隸。烏克蘭的民眾就這樣，連一秒鐘都不懈怠地持續戰鬥著，在下宮嶋卻為了對他們而言堪稱微不足道的事情，在不得已的情況下，於四月底回到國內。

此刻，砲聲仍然未曾止息

然而，在下宮嶋都說了這將是在下的最後戰場，所以又在五月時分，重新回到烏克蘭。這次的採訪據點，是距離俄羅斯國境僅僅四十公里、烏克蘭的第二大城卡爾可夫（哈爾科夫）。

在烏軍的奮戰下，包圍卡爾可夫的俄軍被推回到國境附近，市民也慢慢回到家園。但是，卡爾可夫的市中心還是從白天開始，就不停有砲彈傾瀉而下。到了晚上，不只好幾次會被轟鳴的空襲警報給驚醒，之後的爆炸聲與衝擊，也讓人徹夜難眠。

俄軍的意圖相當明顯：企圖徹底壓制烏克蘭東南部的他們，為了分散烏軍的兵力，於是持續從國境之內與盧甘斯克州（Luhansk）等地發動砲擊、派遣斥候，持續驚擾卡爾可夫市民。錯失避難機會的市民湧進地鐵，建立起稱為「地下都市」的社區。飲用水免費，還有志工照三餐提供溫熱的食物。教育雖然只能仰仗線上教學，但在不得已的情況下，也只能選擇今晚先安全歇息、明天一早再起來面對日子的做法。儘管如此，卡爾可夫市還是很早就決定要重開地鐵營運，並讓地下的居民移居到地上的避難所。市民究竟要到何時，才能回到地上的自己家中呢？

住宅區成為目標

直到五月上旬為止，市鎮都杳無人煙的卡爾可夫，開始慢慢有市民回歸。現在日本的報社、電視台等新聞媒體會來這裡採訪，由此也可以證明它已經相當安全。

卡爾可夫距離俄羅斯國境僅僅四十公里，是烏克蘭的第二大城。人口約一百五十萬人，資訊業（ＩＴ產業）和工業都相當發達，但因為距離俄羅斯國境很近，所以在入侵開始之後，便遭到了猛烈攻擊。特別是靠近俄羅斯、位在東北部的薩托夫卡地區

（Saltivka），更是不分日夜，遭到大小無數砲彈、火箭彈如雨傾注，即使現在俄軍已從周圍撤退，砲聲仍然未曾止息。

這片比高島平[1]大好幾倍的住宅區，成了俄軍直接鎖定的目標。一棟公寓不是只遭到一發、兩發砲彈襲擊，而是被數不盡的火箭彈刺穿，陸陸續續被火舌吞噬。家具和房間都燃燒崩垮，自來水、電力、瓦斯等所有基礎設施都遭到破壞，變成無法居住的狀態。商店也好、餐廳也好，俄軍的攻擊，是完全沒有軍民之別的。

就這樣，人的身影從城鎮裡消失了。公園裡不再有鄰居閒話家常或孩童嬉戲，取而代之的，是不曾中止的砲聲。這座歐洲首屈一指的衛星都市於是化為鬼城，取而代之出現的是地下都市。避難民眾為求安全，湧進了最靠近住宅區的赫羅伊夫・普拉茨（Heroiv Pratsi）、史茨汀斯卡（Studentska）等地鐵站，大約七百名市民，陷入了必須過著地下生活的日子。

用地鐵代替避難所，在首都基輔也是如此。特別是基輔的地鐵，號稱世界最深，不只是俄軍空襲、甚至連核武攻擊也擋得住。但在卡爾可夫這裡，地鐵並沒有首都那麼深入地下，而此地的避難規模，簡直就像是在地下出現一個新社區一樣。

話雖如此，這裡也只能保護一百五十萬人口中的七百人而已。但就算這樣，也還是遠比地上安全多了。而且在這裡還不用迎接早晚刺骨的寒風，溫度是出乎意料的溫暖。只是，跟自己住慣的家園相比，這裡還是有很多不便之處，也沒有隱私可言。在這裡，既有在床上擺滿桌子、餐具的家庭，也有只和一張床相依為命的老夫婦。至於飲水，則是從月台兩端接出水管，供作平常汲取之用。廁所雖然只有兩處，但還算清潔。志工會提供一日三餐的溫暖餐食。更重要的是，明明是在地下，卻可以提供免費的上網服務。有些市民會在明知白天有風險的情況下，從這裡出去工作，也有些學生儘管在停課中，還是接受線上的教學。人們不只是吃飯睡覺，還需要娛樂。關於這點，志工也會過來表演偶戲，或是陪伴大家玩遊戲。

1 譯註：日本著名的集合住宅區。

在卡爾可夫市的薩托夫卡地區，巨大的住宅區化為鬼城。

赫羅伊夫・普拉茨地鐵站。光是這裡，就有兩百名以上的居民在避難。

地鐵的重啟

話雖如此，自己的家絕對還是比較好，只是家園已經變成了灰燼。令人憎恨的，是蹂躪家園與國土的俄軍。這些俄軍雖然被趕走了，但砲聲還是絡繹不絕，市民也從擔心自己是不是永遠回不了家的不安，慢慢變成焦灼憤懣，還把這股怒氣遷怒到每天出沒的攝影師身上。關於這一點，我其實很能理解，因為車諾比就位在烏克蘭的北部；在那裡也有許多國民，自從三十六年前的核電廠事故以來，就一直無法回歸故里。不管願不願意，這個惡夢都會在人們腦海中甦醒吧！

五月二十二日，地下鐵為了迎回市民而準備重啟，在地下避難的市民，也開始被遷移到利用地上公共設施設置的安置眷舍當中。對於這些從地下搬到地上的居民，俄軍給他們的「問候的方式」就是展開砲擊，郊外的茲爾庫尼村（Tsyrkuny）斷斷續續遭到轟擊、湧起黑煙。這座卡爾可夫郊外的村落曾經長期被俄軍盤踞，並從這裡反復對卡爾可夫展開攻擊。

在俄軍包圍首都基輔的時候，他們也曾對在長達數十公里的補給線上停滯的地區做出這種事。當俄軍要撤退到國境附近的時候，他們就會像故意惹人厭一般，對這些地區展開持續砲擊。

當我繞到這座村鎮時，剛好遇到一位在這場激烈砲擊下來不及避難、被俄軍擊傷顏面的年輕村姑與她的母親。那位臉上受了重傷、讓人覺得在面向鏡頭時或許會感到猶豫的少女，卻對前來攝影的我說，「拍下來，把它報導出去！」地下是地獄，地上也是地獄。

這樣的生活，究竟要持續到什麼時候呢？

將俄軍野蠻行徑流傳到後世的紀念碑

在這座砲聲未曾止息、煙硝未曾散去的卡爾可夫市內，位於正中央的「自由廣場」（Freedom Square）上，插著一根一個月前俄軍發射的飛彈，在晴朗的天空下，呈現出一副超現實主義的光景。不，其實砲聲不輟的一百五十萬人口的大都市，本身就已經夠超現實主義了……

卡爾可夫市的自由廣場號稱全歐占地最大，事實應該也是如此[2]。據說，它甚至比敵方俄羅斯首都莫斯科的「紅場」還要寬廣。這枚飛彈最後沒有爆炸，但在它背後的卡爾可夫州廳，則被俄軍所發射、比這枚飛彈威力更強的巡弋飛彈，從六樓的屋頂上一路貫穿到地下室，並在那裡爆炸。這次爆炸造成了二十一名職員死亡、一百多人受傷，不只整個州廳內部遭到徹底破壞，還將周圍以商務中心為首，包含集合住宅和商店在內的好幾棟大樓也一併毀壞。

雖然是俄軍丟在這座市民引以為傲的廣場上、相當醒目的醜陋「遺失物」，但除了當地國土防衛隊員為了提升氣勢，會跑到它前面顯擺一番外，就只有新聞工作者會為了採訪而前去走訪。至於已經把戰爭視為日常的市民，則只是把它當成微不足道的障礙物，對之不屑一顧。然而，這東西除了當作「日晷」之外，其實還有別的用處，那就是可以看作將俄軍野蠻的行徑，流傳到後世的紀念碑。

2　編註：位於卡爾可夫中心，面積是歐洲排列第三的城市廣場，占地十一・六公頃。一九九一年蘇聯瓦解，烏克蘭獨立後，更名為自由廣場。戰爭開打之後的二〇二二年三月一日，廣場及其周邊地區被俄軍的飛彈擊中。

在刺進卡爾可夫市自由廣場的俄軍飛彈前擺出咒罵姿勢、提升氣勢的國土防衛隊員。

這天早上，不知道是誰刻意在這枚飛彈上貼了一張傳單。

這張傳單上面畫著舌頭舔血的普丁總統與白俄的盧卡申科總統（Alexander Lukashenko），旁邊用英語寫著「可恥的俄羅斯納粹混帳」（Shame on Nazi Russia）。

世界在這一百天之內，已經很清楚烏克蘭和俄羅斯，究竟哪邊才是納粹了。

在卡爾可夫外語學校校內

就在在下宮嶋抵達卡爾可夫

兩天前，當地建立了媒體中心，名為「卡爾可夫媒體中心」。在下宮嶋和大報社、大電視台不同，不管怎麼說都只是個隻身行動的自由攝影師，因此只要能取得情報，不管怎樣都想獲得。於是我火速前往媒體中心，雖然知道自己的要求或許有點無理、感到有點不安，但還是針對今後希望進行的事項，提出了好幾個提案。就在兩個小時後，澤倫斯基總統出現在卡爾可夫[3]，並且放出要更進一步前往東部戰線視察部隊的情報。這是「沒有選票就啥都不做」的日本政治家，絕對模仿不來的舉動，而我就是得到了這個媒體中心的回覆，說我的要求獲得了許可——我的要求是，當我從市內受到俄軍砲擊最激烈的薩托夫卡地區採訪回來後，能夠到之前路過的卡爾可夫外語學校進行採訪[4]。

事實上靠近俄羅斯國境的卡爾可夫市在俄軍侵略之初，曾經發生俄羅斯的小股斥候部隊，入侵到市中心附近的事件。這支斥候部隊一時佔據的，就是這所卡爾可夫外語學校。

3　譯註：日期是二〇二二年五月二十九日。

4　編註：又名卡爾可夫134號專業學校，位於謝甫琴科街220號（Shevchenka St, 220）

這支斥候部隊當然遭到了烏軍反擊且被擊退，但被捲入戰鬥的學校也受到烏軍攻擊，只剩斷垣殘壁還聳立在原地。由於整間校舍看起來像是只要輕輕一推，就會瞬間土崩瓦解，所以校舍內是不准進入的，但我還是重新向當地的媒體中心，提出了採訪申請。順道一提，烏克蘭雖然處於戰時狀態，但ＩＴ化的進步，是日本的數位廳遠遠所不能及。不管是記者證還是餐廳的菜單，都是存放在自己的手機中，和媒體中心的連絡，也是透過「Whatsapp」等通信軟體來交涉。為此，「要是手機遺失或是沒電，該怎麼辦？」，這樣的不安總是會讓人成天感到焦慮。

這次獲得媒體中心許可，同樣是透過「Whatsapp」來進行聯繫。雖然我也有想過是不是在學校外面看看就好，這樣就不需要申請許可了，但還是覺得有點危險，畢竟那邊是連站立都有困難的狀態啊！

這次雖說是獨立、單獨採訪，不過還是要準備汽車、駕駛與通譯。在眼下這種汽油日益不足的局勢下，四小時之內就要支付一千五百荷林夫納（六千日圓），這些也都是透過電子郵件來進行聯繫。哎，總之事在人為吧！如果用了以後發現不好用，那下次就自己行動算了！

車子按照我指定的時間，抵達了劇場前的憲法廣場（Konstytutsii Square）。明明客人只有我一人，卻派來了一輛粉紅色的大型賓士廂型車。通譯叫做麥可，司機叫做伊戈爾，兩人都是媒體中心派來的年輕小哥。雖然麥可在烏克蘭的通用語中，也可以讀成英語發音的「米哈伊羅」，不過就跟在俄羅斯一樣，因為這是當地的菜市場名，所以這樣記比較省事。

大概是按照既定路線吧，他們倆人先帶著我到前述的自由廣場、卡爾可夫州廳、以及後面的商務中心等市中心被俄軍砲擊過的現場繞一圈，然後才終於帶我前往外國語學校……話雖如此，在這之前我們其實已經過門不入好多次了。

戰爭最大的弊害

在校舍正面有無軌電車的車站，分隔步道與車道的護欄也還聳立著，不管怎麼看都是一片綠意盎然的靜謐景象，正是最適合教育機構的環境。如果這裡還是學校的話，應該會聽到各式各樣的笑聲吧。但，此刻這裡只剩一片寂靜，連取代學生嬉笑聲的小烏遠處叫，都能聽得一清二楚。實在是寂靜過頭了。

被燒後勉勉強強殘存下來的正門上，掛著用烏克蘭語和德語寫成，讓人不禁聯想起蘇聯時代的堂皇口號：

「學習讓人成功，也讓人生成功」。

現在感覺起來，這標語簡直就像奧許維茲集中營門口圓拱上高掛的「勞動使人自由」口號一樣，讓人哀傷不已。俄軍就連烏克蘭年輕人受教育的場所也奪走了，這罪孽實在太深重了。

三層樓的校舍從屋頂一直被燒坍下來，黑板、教科書等磚瓦以外的木製器具、書籍，全都化成黝黑的灰燼，一切能讓人聯想到這裡原本是校舍的事物，全都不復存在。不幸中的大幸，學生、教職員都去避難了，因此沒有出現犧牲者，但學校已被破壞，不得不搬去後面的公園，進行露天授課，不再是校園的景象。

麥可和伊戈爾，似乎都沒有下車的打算。

當我在校舍四周徘徊的時候，遇到了兩名對著校舍不住張望的少女。少女在校舍周圍並肩走著，不時窺探著裡面的景象，但就連一步也不踏進校舍當中。

「妳們是這裡的學生嗎？幾年級？」

「十二年級……」她們用細不可聞的英語回應我。

在這之後，或許是因絕望感到意氣消沉吧，她們小跑著離開了。

接下來出現在校舍中的，是一對年輕情侶。女方擺起姿勢，在男方的指示下，開始拍起了照片。

如果是在籍學生的話，他們怎麼看也都太酷了一點。

「你們是這裡的學生嗎？」

「不，我們和這裡沒有關係。」

看樣子他們是要以這片絕望的廢墟為背景，進行模特兒攝影的樣子，真是不簡單。

話說回來，在下宮嶋也曾經在一九九五年十二月波士尼亞紛爭停戰前後，在《週刊文春》寫真雜誌上，大膽地搞過一個名為「祝・停戰波士尼亞美女圖鑑」（祝・停戦ボスニア美女図鑑）的無謀企劃。當時我走遍當事國波士尼亞、克羅埃西亞、塞爾維亞，只為了尋求一位美女，在廢墟中四處徘徊，遭到各國人士大白眼。（詳情請見馬薩塔（ザ・マサダ）與文春文庫plus出版的《在下宮嶋的漂亮姐姐拍攝記！》（不肖・

上）因為從天而降的飛彈，從屋頂整個崩坍下來的卡爾可夫外語學校。

左）不知何時才能重新恢復上課，對過去的校舍一片慘狀，感到絕望的少女。

宮嶋のネェちゃん撮らせせんかい！」可是這書居然絕版啦！日本的出版文化到底是怎麼一回事啊！）特別是十二月十四日，紛爭當事國雲集在巴黎，就和平達成協議當天，我還在化為廢墟的塞拉耶佛圖書館架設反光板，為當地漂亮的小姐拍攝寫真。

可是就在我待在校舍內時，砲聲再次傳了過來。這面何時倒塌都不足為奇的磚牆，要是近距離被俄軍的一五二公厘砲來上一發，鐵定會馬上垮掉，而底下的人也會被壓扁吧！

可是那兩人全然不在意，依舊繼續進行攝影。

回到首都

在下宮嶋，在現今槍聲仍未止息、靠近俄羅斯國境的烏東卡爾可夫待了三週之後，回到了首都基輔。這段期間中，我進行了好幾次大膽的採訪。其中特別難忘的，是對無人機小隊的貼身採訪。關於這件事，請容我在下一章說明。

列車在遭受俄軍百日攻擊也沒有被破壞的鐵路上奔馳。我搭著車搖搖晃晃了八小時，雖然這車沒有新幹線那麼優質，還不時發出嘎啦嘎啦的聲音，但畢竟是輛舒適的特快車，因此毫無任何不安，最後在幾乎準點的情況下，滑進了基輔中央車站。

當我一走出車站大廳，立刻發現這個城市似乎有點改變了。站前廣場塞滿了迎接的車子，都是在接送回到城市的家人。回想起來，三個月前在這座基輔中央車站，想從城裡逃出的市民不斷湧向駛往利沃夫與波蘭的列車，大家幾乎都是拚了命在奔逃。俄軍正從北部、東部、西部逐漸縮緊包圍圈，已經迫近到十五公里以內，而俄軍又是以無視國際條約與人道著稱的。當時在車站內充滿了悲憫與怒吼，列車內部擠得跟尖峰時刻的東京山手線一樣。

但是這次我回來，從車站到飯店，連一次 check point（檢查哨）也沒有。說起來，確實還有設置路障、堆積沙包的痕跡，但卻沒有查問路人的跡象。不只如此，街上也是一片車水馬龍，人群絡繹不絕。露天咖啡座撐開了遮陽傘，市民集結在傘下，啜飲著烏克蘭人最愛的咖啡，談笑風生。這副景象讓人不禁懷疑，這真的是戰爭當事國的首都嗎？

不過轉念一想，這代表基輔正在恢復到普通歐洲都市的模樣，不是一件可喜可賀

在米哈伊利夫斯卡廣場上集結、歡聲雷動的基輔市民。在砲口之前，能看到勝利嗎？

曾被俄軍佔領的迪爾卡契村。烏克蘭的代表詩人謝甫琴科像，凝視著被破壞的文化中心。

的事嗎？回想起三個月前，當在下宮嶋在俄軍入侵後首次潛入基輔市時，不管路上還是室內，到處都在盤查，街上也沒有車輛行駛，往來奔馳的盡是軍用車，路上也沒什麼行人，走在街上的，就只剩全副武裝的軍人而已。三百五十萬的人口有半數逃離首都，商店與餐廳全都關閉，在飄雪的街上，可以看見仍穿著T恤的人們攜家帶眷，大步奔跑。

在據說是澤倫斯基總統堅守不退的總統府附近，在下宮嶋暫時歇息的飯店隔壁，有家戶外啤酒屋整整一個月沒有點亮燈火。明明太陽高掛天空，市民卻還是披著厚重的防彈衣。剩下的人們在城市中轟響的空襲警報與爆炸聲中心驚膽戰，只能躲在冰凍的防空洞裡恐懼顫抖，等待它的結束。在三十五小時的外出禁令期間，一切外出都被禁止，只能忍受不便、設法度日。

確實，宵禁令現在仍在持續中，在六月的現今，從晚上十一點到早上六點，沒有特殊許可不得外出，而且俄軍為了不讓烏軍的兵力集中到激戰地的東部戰線，還常常發射惹人厭的巡弋飛彈過來，但是和苦難與恐懼的三個月前相比，把戰爭當成日常的基輔市民，已經處之泰然了。

像是找碴似地，持續對首都進行飛彈攻擊

在基輔市內的各地，比方說聖麥克廣場（Mykhailivs'ka Square），或是那座有八個人因為新型炸彈犧牲的雷特羅購物中心等地，都展示著烏軍擄獲、破壞的俄軍戰車、自走砲、裝甲車、飛彈和武器，簡直就像是獎杯陳列一樣。這些戰利品大到戰車與巡弋飛彈，小到俄軍留下的糧食與衣物等，上面還飄散著汽油與燒焦的氣味。這些令人感到激動的事物與日俱增，而被它們吸引住的男女老幼基輔市民，也不斷聚集過來。他們把戰車和火砲的砲身當成單槓或平衡木等遊玩器具，不斷發出歡呼聲。

特別是對身體嬌小的孩童而言，這是相當合適的探險場。他們探入狹窄的戰車與車輛當中，每當發現巨大的砲彈空殼、俄軍的野戰口糧、或是吃剩的餅乾空箱時，便會大聲嬉鬧，就像是祭典狂歡一樣。不過，裡面的詭雷都已經被檢查清理過了，只是單純被破壞的車輛而已。車體上有著大大小小的彈痕，也有翻捲起來、看上去像是銳利刀刃般的痕跡。要是身體不小心撞到，或是空手碰到，那可就不好玩了。

俄羅斯總統普丁的恩主、已故的前任總統葉爾辛，在年少時代曾經因為好玩去分

解德軍留下的手榴彈，結果彈藥爆炸，炸斷了左手的兩根指頭。我曾經在一九九五年五月，拍攝過一次葉爾辛總統，當時透過觀景窗，看到他的手指頭不自然的樣貌，讓我至今印象深刻。

可是，在市民歡聲雷動的背後，嚴峻的問題仍在持續著。烏克蘭南部相互拉鋸的攻防戰，找碴般持續對首都發動的巡弋飛彈攻擊，乃至於市民的汽油不足，都是令人擔心的重點。

當然，燃料是重要的戰略物資，必須最優先配發給軍隊，這也是無可厚非。三個月前就有一次限加二十公升的數量限制，當時的油料已經不算太充裕，但接下來回到市內的車輛陸續增加，汽油不足的情況更加嚴峻，甚至導致汽車無法行駛的狀況。還不只是汽油，在歐洲很多車輛使用的柴油，以及與汽油並用的LNG（天然氣）也開始不足了。雖然可能性接近於零，但如果俄軍再次向首都展開進攻的話，這次恐怕會因為燃料不足，導致無法使用汽車逃離了。

然而，最大的問題還是侵略者仍在蹂躪祖國、盤踞不去。

第九章 無人機小隊

第一次世界大戰時，戰車登場，化學武器（毒氣）被使用在實戰當中。第二次世界大戰，飛機成為主角，為了與之對抗開發了雷達，之後更開發出核子武器，並對日本使用。

雖然不想承認，但人類每逢戰爭，科學就會大幅進步。二戰後也是如此，福克蘭戰爭中，法製的飛魚飛彈（Exocet）讓英國海軍聞之色變。另一方面，將東京大空襲與投射原子彈這種無差別轟炸加以正當化的美軍，自第一次波灣戰爭以來，便轉以精準轟炸為主流。爾後到了這次烏克蘭戰爭，則是無人機與標槍飛彈的名聲響徹遠近。

無人機決定了戰鬥的勝負

在烏軍對俄軍侵略的反擊中，成為注目焦點的正是無人機。在得到它們支援的標槍飛彈攻擊下，俄軍戰車一路遭到重創。在這場堪稱「無人機戰爭」的戰事中，無人機戰略的優劣決定了戰鬥的勝負，而這也完全顛覆了迄今為止地面戰爭的常識。

為了跟隨無人機部隊進行隨軍採訪，在下宮嶋一直在卡爾可夫待命。

但現在是戰時，採訪並不能隨心所欲進行。對烏克蘭民眾而言，現在正是生死關頭，勝則能將祖國從侵略者手中奪回，敗則要再次回到家族和友人被殺，在奪走自己財產、工作的俄羅斯人的臉色下渡日。在這種緊張的時刻，一個日本攝影師的採訪，實在是輕如鴻毛。

可是，就在我準備一週後歸國的五月底，忽然接到了「今天傍晚出發」的通知。傳來這項通知的，是兩個月前和我一起前往伊爾平取材、烏克蘭紀錄片小組的迪尼斯。

在卡爾可夫市某處眾多建築物因俄軍攻擊化為廢墟的城區中，等待著我、要帶我到前線的引路人，是無人機部隊的駕駛（操作員），名為斯拉瓦。斯拉瓦，在俄語和烏克蘭語中，是「光榮」的意思，也是男性常取的名字。自我介紹後，我們便火速前往前線兵舍。車輛是沒有什麼特別裝備的日產 RV 車。馬上出發吧……就在我這麼想的時候，坐在副駕駛座上的迪尼斯忽然像是想起什麼似地，回過頭說：

「手機有帶嗎？它可以拍照嗎？」

我點了兩次頭。

「還有，GPS 的位置資訊會被記錄下來嗎？」

「咦？」

「關掉！馬上關掉！從現在開始，從外觀、地形能夠辨識出場所的照片，完全不許拍！」

「……」

我又點了一次頭。

平安通過檢查哨

日產 RV 車從卡爾可夫市中心一路北上，越過我曾好幾次前往、受害最嚴重的薩托夫卡地區後，路上的人車驟然消失了。

又越過了焦黑的加油站與重創的俄軍車輛後，出現了一座檢查哨。這段路途我也曾經好幾次挑戰過。不只是薩托夫卡地區，包括更接近俄羅斯國境、剛才也曾路過的茲爾庫尼村等過去曾被俄軍佔領的村落，現在都成為俄軍的攻擊目標，連日遭到猛烈砲擊。因此，我好幾次在這座檢查哨前吃了閉門羹，要不然就是因為途中必須警戒俄軍空襲，而被命令折返。只有一次在當地記者的陪同下，得以前往國境附近的斯拉奇奈村（Slatyne）採訪。在這之後俄軍的攻擊日趨激烈，除非有特別許可，否則這座檢查哨都是我們無法通過的要地。

但，今天我有無人機部隊的陪同。

結果，雖然護照遭到了嚴密檢查，但還是平安通過了檢查哨。前面應該已經沒有檢查哨了，有的就只是面對俄軍的最前線。

拜「星鏈」之賜

日產車再次以猛烈的速度，在柏油路上狂奔起來。當進入靠近國境的某個聚落時，我們離開了柏油路，開上兩側林立著毫無明顯特徵農家的農道，最後鑽進了某處民宅前的草叢中。斯拉瓦在我們下車後，拉開迷彩網蓋住日產車、把它掩藏起來，然後帶我們前往前面的民宅。

那是一棟沒有任何明顯特徵、兩層樓的民宅。感覺起來像是好幾年沒人居住的樣子，到處雜草叢生。它的出入口是在後門，正好背對著東側的俄羅斯國境。

「歡迎光臨！」斯拉瓦攤開雙手，擺出歡迎的姿勢。

民宅內部的規模，看起來跟建造中的日本普通民宅差不多。一樓沒有鋪設地板，往二樓則是用木製的簡易階梯。

除了我們三人以外，房子裡什麼人都沒有。

眼睛習慣光線以後，我察覺到屋內的異樣。這裡沒有任何窗戶；不，其實是有窗戶的，但是都用黑色塑膠袋徹底封了起來，完全看不見外面，外面的光線也透不進來。

沒鋪地板，地面上直接放著木製的桌子，在上面雜亂擺放著餐具，以及洋蔥和馬鈴薯等食材。椅子是四腳椅，也可以看見冰箱、簡易瓦斯爐和微波爐等家電，牆壁邊則堆滿了杯湯。

「部隊晚上會回來。從現在開始直到明天作戰結束為止，我們都可以一起行動。又，手機現在可以開，但作戰中一定要改成飛航模式，千萬別忘記了！」

儘管如此，該感謝的東西還是要感謝。即使在這麼靠近國境的地方，還是設有Wifi的天線，也仍然可以上網。這全是拜有名的星空頻道……不，是星鏈（Starlink）

所賜啊！沒想到我這個ＩＴ原始人，居然也有蒙受星鏈恩惠的時候哪！

星鏈是深感烏克蘭奮戰氣概的宇宙開發企業 Space X 董事長，同時也是電動車特斯拉的共同創始人，大企業家馬斯克（Elon Musk），開放給烏克蘭人民的衛星通信系統。透過這套系統，烏克蘭全境都可以經由衛星和網路連線——而且完全免費。

與無人機小隊一起

真是出乎意料。明明這裡應該已經逼近最前線才對，卻相當地安靜。我都已經做好聆聽前線砲火的覺悟了，沒想到出乎意料地舒適。因為有想過要打地鋪，所以我把墊子和睡袋都帶來了。

這個季節的烏克蘭，即使過了晚上八點，天還是亮的。然而到這時候，似乎還沒有部隊歸來的動靜。

九點過後，室內出乎意料地點起了一盞昏黃的燈光。即使如此，裱糊的黑色塑膠袋，還是會讓一切燈光不洩漏出去。唯一的出入口，也是背對著國境的西側。

這時，我察覺到外面有車停下來的動靜；同時，雖然不出聲音，不過似乎有好幾個人從車上下來。大門迅速打開，緊接著好幾位全副武裝的烏克蘭士兵，像是滑行一般鑽進了室內。他們把步槍靠在牆邊後，同時卸下裝備。

他們從ＡＫ上拔下彈夾、為了確認膛內沒有殘彈，拉了拉槍機，然後試著空發幾槍，發出喀擦喀擦的金屬聲。他們不只動作熟練，對槍枝的基本操作也很確實，看樣子應該是累積了相當的訓練與實戰經驗吧！當脫下防彈背心的同時，他們才終於深深地喘了一口氣。

接下來，他們似乎終於察覺到斯拉瓦與我的存在，展露笑顏。

「今天也活著啊？」

「是啊，活得很頑強呢！」

斯拉瓦和他們相互擁抱之後，便向大家介紹說：「這位就是我跟你們提過，日本的新聞記者。」雖然部隊整體的規模不明，不過光是這間兵舍，就可以容納五到十人住宿。這支部隊，就是烏軍的無人機情報小隊。

在下宮嶋受到的許諾是，可以跟這支烏軍無人機小隊隨軍兩日。不只和他們寢食與共，還可以視機會前往最前線，在槍林彈雨下採訪。

允許我進行拍攝的，是烏軍第九十三旅旅長艾夫根上校，外號「亞當」；他以指揮下的第十營為基礎，新編了一支聯合戰車、砲兵、步兵的部隊，其下就包含了這支無人機情報小隊。

這支部隊管轄的地區包括了卡爾可夫市東北部與俄羅斯國境地帶、司令部、兵舍以及卡爾可夫市北部的聚落，但是司令部的外觀與內部，完全不允許拍攝。無人機情報小隊的任務是踏足國境附近的森林，運用三架以上的無人機，進行索敵、射擊引導、彈著觀測等任務。簡單說，他們最重要的任務，就是擔任聯兵部隊的眼睛。烏軍使用的無人機有土耳其製，可搭載對地彈藥的攻擊型，可直接突擊敵陣的自爆型等，無人機情報小隊使用的，則是中國製的偵察型。小隊全體成員既是無人機駕駛、情報處理專家，也是士兵。

小隊的主要成員包括了隊長尤金、一路帶我過來的斯拉瓦、樂天開朗的馬克斯、冷靜的另一位馬克斯，還有最年輕、總是耳罩不離身、有點怪怪的傑伊那。

「哎，有點晚了，去吃個晚飯吧！如果指揮官在，我幫你介紹一下。」

在尤金帶路下，我們來到了兵舍。村子裡一片漆黑，完全沒有任何燈光，但是相對地，星空彷彿觸手可及。我們就在只靠星光照映、裝了紅色濾鏡的軍用手電筒引導下，在草叢深長、滿布砂礫的田間小徑中走了幾十分鐘，越過兩間有警戒步哨的兵舍後，抵達了一間更大的房子。打開金屬製的大門走進其中後，中間有一道通往二樓的樓梯，旁邊則有一扇門，推開是一間可以容納三輛車的車庫。在一片昏暗之中，並排著桌子和椅子，上面擺滿了通訊器材與螢幕。尤金走進其中之後，很快地又走出來說：

「指揮官出去了，明天再介紹吧。早點吃晚餐囉！」

這裡就是他們的司令部。

「喂！哪裡是北邊？」

從面積達到二十張榻榻米、相當寬廣的餐廳與房間來看，這間房子的擁有者，應該是位財力相當雄厚的資本家，要不然就是當地有力人士的莊園吧？不過，它的屋主其實是位外國人。兵舍也是同樣屬於這位屋主。屋主在戰爭時期，也沒有逃出故國，又因為種種緣故，現在把一樓提供給烏軍，自己蝸居在二樓……雖說蝸居是有點誇張，不過還是得忍受不便的生活。

用餐是在各自有空時造訪這間餐廳，溫熱一下湯、燙個義大利麵，一下就解決了。

在下宮嶋雖然是客隨主便，不過食物的外觀和味道都還不差。當然也會有因為俄軍攻勢激烈、不便前來司令部的時候，所以各兵舍都儲備了緊急口糧。吃完晚飯之後，我們又走了幾十分鐘回到宿舍。我們真的是完全在星光映照下漫步。大家或許是知道這一帶沒有地雷陣的緣故，都抬頭仰望著星空。小隊全體都會講英語，在回兵舍的路上，大家熱烈談論著星座的逸聞：

「喂！茂樹！哪裡是北邊？」

大家都不稱呼我為「日本人」，而是已經記下了我的名字。

確實，我有做過身為士兵的基本訓練。不過在來到這裡的時候，我有仔細確認過堪稱生命線的重要方位——俄羅斯國境所在的東側。

「那麼，仙后座又在哪裡呢？」

「小熊座嗎？今天看不太清楚呢！」

「比起這個，在這當中也有馬斯克發射的星鏈衛星吧？它在哪裡呢？」

「……」

回到宿舍後，大家脫下軍靴，立刻走上二樓。二樓有兩個小房間，在那裡並排著墊子和睡袋，大家擠在一起睡。只有尤金獨自睡在廊下，但所有人都把AK放在枕邊、上了彈夾，直直地豎立著。這樣擺的話，萬一有哪個睡相不好的傢伙一腳踢到槍，讓槍砸到臉上，應該會血流滿面吧……不，搞不好會走火，那可怎麼辦？在下宮嶋來到最前線時，盡可能將行李減低到極限。因為想說沒有電源或自來水，所以也沒帶充電器或洗臉用具。已經沒有任何能做的事了。除了步哨之外，全體人員都鑽進了睡袋。明明是五月，但這一帶的夜晚還是很冷。過沒多久，四處便開始傳出此起彼落的鼾聲。

無人機的大敵

清晨六點，我在天色破曉中睜開眼睛。大家一個接一個起床，收拾好睡袋，開始凝視放在身旁的手機。Wifi的電波在前線也能接收得到，真是不簡單。

我下到一樓，綁好軍靴的鞋帶，去外面呼吸一口新鮮空氣——

「咦？」

開始下雨了，而且下得很大。這是怎麼一回事？昨晚的滿天星空呢？

這樣一來，首次的前線採訪會相當辛苦。有雨和沒雨，在攝影的艱苦程度上是天差地遠。畢竟不只防彈背心，還需要加上雨具。

小隊長尤金也起身出門。察覺到雨聲之後，他便下令「暫時待命」。

對靠著輕量旋翼獲得浮力的無人機而言，雨是比敵軍更大的敵人。作為關鍵眼睛的鏡頭要是濡濕，也無法獲得充分的畫面。

早餐跟晚餐一樣，是到司令部用餐；在那裡，我們把麵包和預先做好的炒蛋、火腿做成三明治，大口大口地吞下去，還一邊猛灌咖啡。回到兵舍後，即使雨仍在落下，還是有該做的事，那就是射擊訓練，進行武器保養與裝備的確認。特別是無人機小隊的唯一武器——ＡＫ－47步槍，通稱卡拉什尼可夫，每天都不能懈於保養。大家都在吃過飯、稍事運動後，便用自己習慣的方式，將ＡＫ分解上油、用布清槍身，將殘留火藥與髒汙擦掉，再組合起來。最後拉槍機、對著地面扣扳機，發射空槍。乓！確定撞針落下的聲音和運作正常。對於槍枝的保養方式，光是從這個狀態來看，就可判斷這支部隊的精實與訓練程度。槍上有鐵鏽、胡亂用指頭扣扳機射擊的軍隊，是完全派不上用場的。

順道一提，無人機小隊愛用的ＡＫ，可以說是人類史上最優秀的步槍（突擊步槍）。自從一九四六年蘇聯的前戰車兵米哈伊爾・卡拉什尼可夫（Mikhail Kalashnikov）開發出它，並被蘇聯正式採用以來，這把槍在七十年間被使用在世界的各個戰場上，也被金氏世界紀錄，認證為「世界最大量生產的軍用槍械」。從叢林到沙漠，就算沾上一點泥巴、或是進了砂土，也能夠確實擊發。它的構造簡單、價格低廉、清理容易，就連世界上的恐怖分子也都很愛用。尤金小隊除了隊長尤金的槍附有消音器以外，其他人配備的也都是ＡＫ。

這副打扮在森林裡太顯眼了！

過了中午，雨終於稍微小了一點，但現在仍不是出動的時機。保養完槍枝之後，手邊沒事做的最年輕小伙子傑伊那，開始把盤子堆疊起來，在狹窄的廚房裡做起了煎蛋。大家都一手拿起麵包，當成中飯吃了起來。

下午一點過後，尤金像是要跌倒似地，從二樓一路衝下來：

「穿上裝備！準備好就立刻出動！」

咦？雨還在下呢！

全體成員都毫不懷疑命令，立刻穿起防彈背心，將裝有機材和武器的箱子搬到車上。尤金在背上，揹起了或許是這天首次使用、全新的 Camelbak（水袋背包）。看見只帶著兩台照相機的在下宮嶋裝扮，馬克斯怒吼著說：

「這副打扮在森林裡太顯眼、也太危險了！你只有黑色的防彈背心嗎？」

「可是我的斗篷雨衣具也是黑的……」

「那，在防彈背心上披上這件！」

他遞過來的，是一件濃綠花紋的斗篷。

無人機起飛

命令下達不到二十分鐘，我們已經裝載好所有裝備，全員搭上幾輛裝甲車和日產的ＲＶ車。指揮官亞當大概是判斷，敵人也會因為下雨而大意吧！車隊在因俄軍砲擊而坑坑洞洞的柏油路上開了幾十分鐘後，在一處沒有任何目標物的狹窄交叉點，轉進一條小路。

從這裡開始，我們穿梭在森林地帶當中，連一條稱得上道路的路都沒有。這片深黑色的土地要是平時，應該會是養活眾多農作物的肥沃土壤吧！途中，我們經過俄軍棄置的Ｔ－72戰車與軍用車輛旁邊；入侵卡爾可夫州的俄軍和入侵首都基輔州的部隊不同，上面寫的識別文字不是白色的「Ｖ」，而是清一色的「Ｚ」字。

儘管如此，真的是往這個方向沒錯嗎？我拚命瞄著谷歌地圖，但是周圍的目標物就只有森林而已，完全不見人影。

「這裡是雷區。」

握緊我們座車方向盤的斯拉瓦小聲說道。原來如此。見不到人影的原因，不只因為俄軍設下的地雷，為了防備俄軍再次入侵，烏軍在這一帶也埋了地雷。順道一提，日本雖然有批准「渥太華條約」（人員殺傷地雷禁止條約），但不包含大型反戰車地雷，所以我們自衛隊當然擁有大量這類地雷。

途中斯拉瓦打開車窗，對著森林舉起手，看起來像是在打招呼。

定睛一看，在森林中可以看見好幾輛巧妙偽裝的戰車一部分。它們都是隱藏在森林的西側、也就是俄羅斯國境的相反位置上，用偽裝網和樹枝覆蓋著，光用肉眼幾乎很難辨識出來。

幾輛裝甲車大概是抵達最前線了吧，迅速鑽進了隱藏在深深森林樹木底下的塹壕當中。小隊也從車上把器材搬下來，運進森林中巧妙挖掘的塹壕裡。

「感謝我們偉大的友人，伊隆·馬斯克！」

彷彿是宣告作戰開始般，隨著小隊長尤金的聲音，大家開始巧妙地將天線群和電源類設備偽裝起來、展開，然後從國境對面的森林縫隙間，迅速且陸續放出好幾架無人機。

「起飛！」「起飛！」

隨著操作員發出的英語宣告，無人機發出低沉的振翅聲，一瞬間便消失在上空。接下來就只管透過衛星，和正在利用資料鏈、對無人機攝影的同一畫面進行分析的司令部取得聯繫，然後緊盯螢幕進行索敵。一旦發現有敵人車輛或人員等可疑目標，司令部自會下令戰車、砲兵、步兵部隊等選擇最合適的攻擊方法，對之進行射擊。

小隊會根據無人機的位置、畫面等進行彈著觀測，也就是下達「再左一點、再右一點、接下來往前一百公尺」之類的指示，並判定射擊效果，簡單說就是對目標命中與摧毀等的判定。雖然說起來很簡單，但是敵人當然也會用衛星和無人機，不眠不休的眼睛搜索烏軍這邊的人員，因此當察覺到敵人的干擾電波時，就要馬上躲進森林底下的塹壕。

這段期間，敵我雙方的大小各式各樣砲彈會不停從頭上呼嘯而過。「咻、咻」，砲彈宛若低音口哨般撕裂空氣的聲音，和之後爆炸的衝擊，讓塹壕天花板上的泥土簌簌崩落。雖然這跟電影裡看過的場景差不多，但其間還是令人驚恐難忍。對此只能一邊顫抖、一邊不斷祈禱，祈求攻擊早一分、一秒結束。事實上尤金小隊曾經兩度被敵方無人機發現，遭到集中砲火攻擊。這段期間也只能一個勁地躲在塹壕中，不斷祈禱

上）無人機情報小隊是以五到十人為單位展開行動。右起第二位是尤金小隊長。

左）使用偵察型無人機搜索敵人的烏軍無人機小隊。他們會同時展開三到四架飛機。

千萬不要有直擊的砲彈落下。然而，這些隊員似乎覺得今天的砲擊還很遠，還利用這段時間好整以暇地打開火腿罐頭，用小刀切片來吃、填飽肚子。

希望這是最後的戰場

作戰一直持續到太陽西沉、天色全黑為止。撤收的速度也很快。只見他們流暢地把器材搬上車輛，也不帶夜視鏡便動身出發。這晚的星空也是傾瀉如雨；雖然我不知道他們光靠這片星空，是怎麼闖過雷區的，但我們還是抵達了兵舍。一抵達，我們就立刻脫下防彈背心。

僅僅在最前線待上八小時，就對體力和精神造成如此嚴重的消耗。但無論如何，小隊全員平安歸來，這比什麼都重要。但是這一天，亞當聯兵部隊遭到俄軍的砲擊與觸雷（地雷），戰死兩人、負傷四人。而光是尤金小隊，這四週間就喪失了十五架無人機。

在這之後我們又一次漫步在星空下，來到司令部進行報告後，吃起遲來的晚餐。

當我們再度回到兵舍時，已是午夜時分剛過，同時也是我的六十一歲生日。能在前線兵舍迎接生日，對報導攝影家來說，真是無上光榮。但相當湊巧的是，經常自稱是「在下宮嶋的長官」的橋田信介先生，在二〇〇四年五月底被伊拉克反美武裝勢力射殺時，也是六十一歲。

自俄軍開始侵略已超過百日。在部隊啟程的這四週間，每當按照小隊指示命中目標時，小隊長尤金雖然能徹底保持冷靜，但開朗的馬克斯卻會發出純粹的喜悅與歡呼。在這之下雖然是敵人與侵略者，但死亡的畢竟是人命。日本人有對這種態度非難的資格嗎？應該非難的是俄羅斯的總統吧！在這個戰場上，不殺人就會被殺。日本的媒體之間，儘管還在講著冠冕堂皇的愛與和平之類話語，但這類漂亮話不管在這裡還是國際社會，都沒有人會聽得進去的。

儘管如此，我還是從心祈願，希望這是最後的戰場。這是我由衷的想法；不只是為了在下宮嶋，也是為了全人類。

後記

誰說這是「最後的戰場」的？哪裡寫到的？咦？本書的原文標題就寫著「最後的戰場」五個字？

這個嘛……

攝影師就是如果拍到好的作品，不管怎樣的辛苦都會忘得一乾二淨的人種。因此我雖然直說這是最後一次、這次烏克蘭的現場攝影是最後任務，但就算要我再去幾次，其實都無所謂喔。事實上今年二月二十四日俄軍侵略以來，我已經兩度踏上烏克蘭的土地。這段期間，我親眼目睹了烏克蘭人民無謂的受難，和他們一起灑下淚水。我也曾站在俄軍非人道的戰爭犯罪現場，怒意不住湧上心頭。不分官員、軍人、民眾，我和很多烏克蘭人都結下了深交。當和平再度降臨烏克蘭的時候，我會想和這些烏克蘭人共同分享喜悅，也是極為理所當然的吧！到那時候，會是我第三次踏上烏克蘭土地的時刻，所以哪有什麼「最後」的呢！

可是，認為我等的工作是「鬣狗」、或是「以他人的不幸為糧食」，會有這樣的非難之聲也是理所當然。但除了他們之外，我自己也會這樣想：我們這些冠上「戰場攝影師」名號的人種，其實和那些大報社的記者沒有兩樣。我們每當有事的時候，就賺得缽盆飽滿。每當戰爭爆發的時候，就成為眾所矚目的存在。這都是不爭的事實。

可是縱使再怎麼逞強，在下宮嶋都已經年過六十。正如本書所述，我的上司橋田信介的過世也是在這個年紀。那時候在年僅四十二歲的在下宮嶋眼中，身處伊拉克、六十一歲的橋田先生，看起來簡直就像是個七十歲的老記者一樣。既然如此，現在六十一歲的在下宮嶋，在周圍的年輕人眼中，應該也像是八十歲以上的老攝影師了吧！第一次在烏克蘭待一個半月的時候，我的假門牙崩落下來，直到回國接受牙醫治療為止，簡直就像《漂流者》[1]的喜劇般、戴著一副笨蛋面具。因為沒有酒再加上每天不規律的飲食生活，讓我的體重減了七公斤。第二次去的時候，我不只感染了新冠肺炎，還染上了結膜炎，直到回基輔開眼藥處方為止，都是一邊不停流眼屎，一邊採訪取材。

我還有其他毛病。除了腰痛以外，左腳拇趾外翻、不管遠近都看不清楚，沒有眼鏡就無法生活。不只如此，還有生殖機能的問題。可是……儘管如此、儘管如此，我對現場還是戀戀不捨。

如果，我必須再一次踏入戰場，那時會在烏克蘭、不，也有可能在其他的地方，說著下一次是最後……不，那時候我應該已經洗手不幹了吧！能讓我安心引退的世界，何時會到來呢？

二〇二二年七月　宮嶋茂樹

1　譯註：「ドリフ」（Dorifu），全稱ドリフターズ（Drifters）日本著名樂團、搞笑團體，代表作為TBS電視台的《八點全員集合》（8時だョ！全員集合）和富士電視台的綜合節目《漂流者大爆笑》（ドリフ大爆笑）。

（首刊）第一章至第四章、第七章、第八章，是從二〇二二年三月十日到六月十二日，在「文春online」上發表的原稿，進行加筆修正後的產物。第五章、第六章、第九章則是全新寫成。

烏克蘭戰場

一個戰地攝影的親身經歷

ウクライナ戦記 不肖・宮嶋 最後の戦場

作者：宮嶋茂樹（Shigeki Miyajima）
譯者：鄭天恩
主編：區肇威（查理）
封面設計：倪旻鋒
內頁排版：宸遠彩藝

社長：郭重興
發行人：曾大福
出版發行：燎原出版／遠足文化事業股份有限公司
地址：新北市新店區民權路 108-2 號 9 樓
電話：02-22181417
傳真：02-86671065
客服專線：0800-221029
信箱：sparkspub@gmail.com
讀者服務

法律顧問：華洋法律事務所／蘇文生律師
印刷：博客斯彩藝有限公司

出版：2023 年 5 月／初版一刷
電子書 2023 年 5 月／初版
定價：450 元

ISBN 9786269720330（平裝）
9786269720354（EPUB）
9786269720347（PDF）

國家圖書館出版品預行編目 (CIP) 資料

烏克蘭戰場：一個戰地攝影的親身經歷 / 宮嶋茂樹作；鄭天恩譯 . -- 初版 . -- 新北市 : 遠足文化事業股份有限公司燎原出版 , 2023.05
304 面 ; 14.8×21 公分
譯自 : ウクライナ戦記 : 不肖・宮嶋最後の戦場
ISBN 978-626-97203-3-0((平裝)

1. 戰爭　2. 報導文學　3. 烏克蘭

542.2　　112004477